D1545634

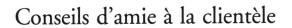

Conseils d'amie à la clientèle

Les Tribulations d'une caissière, *Stock, 2008*

Anna Sam

Conseils d'amie à la clientèle

Stock

ISBN 978-2-234-06316-7

À mes parents

Si consommer est un art, alors le consommateur est tout à la fois artiste, son propre critique et son premier adorateur.

Portes ouvertes

17 janvier

15 h 30.

Tiens, un bruit bizarre du côté des boîtes aux lettres ?! Étrange, le facteur est passé ce matin. Vous avez reçu votre lot de factures habituelles : gaz, eau, électricité, téléphone, crédit à la consommation... Les bonnes nouvelles quotidiennes sont déjà tombées.

Curieuse, vous allez tout de même jeter un œil pour voir ce qu'on a pu déposer à la place du courrier. La clé dans une main, vous ouvrez votre boîte aux lettres sans grand enthousiasme. À peine avez-vous entrouvert la porte que de nombreux prospectus dégueulent de la bouche béante de cette boîte de Pandore moderne. Des papiers multicolores de toutes tailles vous tombent sur les pieds.

Un cri vous échappe. Un « cadeau » vous a lâchement broyé le pied : un carreau de carrelage – un échantillon gratuit ? Ils ne reculent devant rien ! – a glissé parmi tous ces journaux encombrants.

En boitillant, vous ramassez tous ces papiers et vous retournez dans votre cuisine. Vous posez la pile sur la table et y jetez un œil distrait tout en massant votre pied endolori.

Machinalement, vous dénombrez pas moins de douze dépliants vantant les mérites de notre belle société de consommation.

Trois pour le prix de deux – sur certains articles très particuliers – harangue le premier papier comme si vous étiez sur la place du marché.

Remises exceptionnelles : économisez 50 % sur des milliers de produits scande le second – signalés en magasin par une pastille rouge, la verte équivaut à 5 %.

Vous préférez une télé géante à écran plasma rien que pour vous, à un prix défiant toute concurrence ? C'est par ici – le crédit proposé défie quant à lui toute logique, mais les précisions figurent en si petits caractères que vous ne les voyez même pas.

Et gagner un tour du monde en moins de 80 jours – plus exactement en 7 jours, 6 nuits, demi-pension, prévoir un supplément pour l'avion –, ça vous fait rêver ? Venez participer à notre semaine spéciale couleurs où tout article bleu vous donne une chance de participer au tirage au sort – lot unique sur l'ensemble des magasins participants.

Et ressembler à Claudia Schiffer, ça vous branche ? Le prospectus suivant met en avant les produits de beauté que les plus grands mannequins utilisent – incroyable, les agences de mannequins se fournissent dans votre supermarché préféré !

Vous préférez sans doute vous mettre l'eau à la bouche avec des produits du terroir, du « fait maison » artisanal proposé dans pas moins de cent cinquante grandes surfaces sur tout le territoire – vous voulez connaître la taille de la marmite servant à la cuisson de ce bœuf ? Reportez-vous au guide des records !

Et cela continue sur toutes les pages, chaque produit vous donnant envie de le faire atterrir dans votre panier (ou mieux encore, dans votre caddie, beaucoup plus grand...) lorsque vous irez faire vos courses demain matin. Heureusement, vous n'êtes pas dupe, vous savez bien que tous ces produits, aussi beaux et peu chers soient-ils, ne pourront jamais être tous à vous, votre carte bleue ne vous autorise pas de découvert de plus de 500 €. Et quand bien même tout cela vous ferait envie, vous n'avez pas besoin de tout ce fatras...

Vous êtes une consommatrice avertie, nuance...

Vous ouvrez quelques prospectus au hasard, regardant d'un peu plus près celui de votre magasin habituel. Après tout, avec un peu de chance, vous allez trouver des produits que vous achetez régulièrement. Vous tournez les pages sans réelle conviction : les téléviseurs sont trop chers et le vôtre fonctionne parfaitement (même si... un écran plat et la haute définition vous plairaient bien), la page alimentaire vous attire un peu plus. Vous n'êtes pas grande cuisinière et vous avez malgré tout envie de proposer à votre famille de bons petits plats « faits comme à la maison ». Vous en notez quelques-uns qui ont l'air appétissant et vous tournez la page. Vous tombez sur les DVD. Tiens, le dernier *Harry Potter* sort la semaine prochaine ? Si vous le réservez cette semaine (avec des arrhes de 10 €), vous bénéficierez d'une réduction de 5 € sur le jeu vidéo qui sort dans moins de deux mois (mieux vaut ne pas perdre le coupon de réduction !). Votre aîné est fan de ce personnage ? Depuis six mois il vous harcèle pour avoir le DVD à la sortie... Et si vous lui offriez le jeu vidéo pour Noël ? Finalement, ça pourrait être une bonne affaire...

Afin de ne rien oublier, vous commencez à noter vos courses sur un morceau de papier et ajoutez le DVD sur la liste.

Au bout d'une petite demi-heure, vous avez inspecté tous les prospectus, épluché chaque page et découvert un tas de produits dont vous avez besoin (en promotion dans trois magasins différents). Tout bien réfléchi, vous n'allez certainement pas courir dans différents supermarchés pour faire le plein de votre caddie. Mais qu'importe. Sur le coup, vous êtes satisfaite de voir toutes les économies potentielles. Qu'il est bon de pouvoir déjouer le système grossier des grandes surfaces en profitant de leurs fameux produits d'appel et de se focaliser plutôt sur ceux-là que sur les produits plus communs.

Que faire de la pile de prospectus, une fois ceux-ci bien étudiés ? La jeter sur la voie publique ? Non, mais dans la poubelle réservée aux papiers, oui ! Impossible, elle est déjà pleine... La semaine a été bien « chargée » en publicités qui s'empilent maintenant dans le coin de la cave. Il est temps que la journée ramassage des ordures recyclables arrive.

Vous punaisez la liste des courses sur le tableau dans la cuisine, prête à servir utilisée demain.

ANNONCE DU MAGASIN
(répétée toutes les 30 minutes dans les haut-parleurs)

Voix féminine (douce et posée) :

« *Bonjour et bienvenue dans votre centre commercial SuperPrix. Toute notre équipe se tient à votre disposition pour vous accueillir, vous aider et vous informer. N'hésitez pas à nous solliciter. Notre sourire est gratuit.*
Bonne journée chez SuperPrix, le pays où les prix élevés ont oublié d'entrer. »

Je liste, tu listes, il liste...

19 janvier

Bon nombre de clients entrent dans le magasin leur liste de courses à la main.

Mais saviez-vous qu'élaborer une liste de courses, c'est tout un art ? Il faut savoir l'organiser suivant un ordre précis pour ne rien oublier et donc connaître le magasin par cœur (ou presque) afin d'optimiser son temps sur place.

Si vous croyez encore que les articles à acheter sont notés sans ordre, griffonnés à la va-vite sur n'importe quel bout de papier sans réflexion aucune, c'est que vous connaissez bien mal la fameuse *ménagère de moins de cinquante ans*. Au contraire, lorsqu'elle commencera à noter les courses dont elle a besoin, bien souvent, elle effectuera mentalement le parcours du magasin, passant en revue tous les rayons pour être sûre

17

de ne rien oublier. C'est méthodique et très efficace pour éviter d'avoir à refaire deux ou trois fois le tour du magasin.

Alors je vous l'accorde, bien souvent, c'est un bout de papier qui fera l'affaire : feuille de brouillon, dos de vieux ticket de caisse (quand il n'y a pas de la pub au verso), enveloppe usagée, carton d'emballage, tout y passe. L'important est d'avoir assez de place pour tout noter. Et cette seconde vie pour ces papiers, elle offre quoi de réjouissant ?

Des méthodes, il en existe un bon nombre. Faites-vous partie de ces éternelles pressées adeptes des listes écrites à la va-vite, sans aucun ordre, jetant sur une feuille de papier les produits à acheter comme autant d'idées disparates ?

Loin d'être optimisés, ces morceaux de papier sont plus des aide-mémoire que de véritables listes de courses. Et c'est une fois arrivée en caisse qu'on remarque certains articles manquants dans le caddie. « Ah, zut, pensez-vous tout haut, c'est à l'autre bout du magasin. Tant pis, je le prendrai la prochaine fois. »

À moins que vous fassiez partie de cette catégorie de personnes prenant grand soin de classer par type vos produits : fruits et légumes – conserves – viande – hygiène…

Préférez-vous noter les courses en fonction de l'agencement du magasin ? Une méthode diablement efficace à condition de ne pas changer de destination au dernier moment.

Ce sont les recettes de la semaine qui vous guident ?

Vous avez peur de manquer et vous notez scrupuleusement les quantités à acheter à côté de chaque produit ? (Chacune sa méthode : soit devant l'article, soit derrière entre parenthèses. Ah, ces parenthèses auraient-elles un effet apaisant et rassurant ?)

À moins que vous notiez soigneusement le prix des articles à chaque ligne ? Ouf, il n'y aura aucune surprise lorsque le ticket de caisse sortira…

Vous transcrivez tout en code ? Sait-on jamais ! Et si quelqu'un volait la liste et la recopiait ? À moins que certains articles soient trop intimes ou trop longs à rédiger en entier.

Et classer par ordre alphabétique, ça vous tente ?

Une fois sur place, vous sortirez la liste de votre poche et, là encore, vous aurez chacune vos habitudes.

Vous la garderez en main pendant toute la durée des courses, oubliant presque que cette main pourrait vous aider à attraper les articles en rayon.

Peut-être faites-vous partie des malines qui ont prévu la pince à linge pour épingler la liste sur la barre transversale du caddie.

La solution du Post-it collé sur le caddie est une alternative intéressante. Collé il est, collé il restera (y compris après l'abandon du chariot sur le parking, sans doute une louable attention pour le client suivant).

Ou tout simplement vous la laissez dans votre poche et la sortez toutes les trente secondes afin de bien tout contrôler.

Et pour être sûre de n'avoir rien oublié, vous utilisez quel stratagème ?

Vous suivez la liste dans l'ordre ?

Vous barrez une ligne chaque fois que vous avez posé un article dans le caddie ?

Vous déchirez votre liste au fur et à mesure qu'un produit tombe dans votre escarcelle ?

Vous relisez la liste chaque fois dans son intégralité car vous ne notez rien et ne déchirez rien mais vous ne voulez rien oublier ?

Bref, tout est étudié et vous ne laissez rien au hasard... Sauf quand vous avez oublié votre liste de courses sur la table de la cuisine.

Mon royaume pour un jeton

23 janvier

Vous avez réussi à trouver une place de parking pas trop loin de l'entrée – c'est important, il pleut cet après-midi. Une fois le moteur arrêté, la radio éteinte – vous avez coupé le sifflet à une pub « Toujours moins cher », vous n'y prêtez même pas attention –, clé de contact en main, vous vous extirpez de votre véhicule et vous dirigez vers votre coffre : surtout ne pas oublier vos cabas et votre sac congélation. Depuis que les magasins n'en distribuent plus à titre gracieux, vous avez commencé une véritable collection de sacs recyclables. Bientôt, vous pourrez retapisser entièrement votre salon. Ça serait d'un chic, vous imaginez même mettre un titre : « Moi aussi, je vis écolo ».

Au moins, aujourd'hui, vous avez pensé à les prendre, ces sacs. Vous avez même eu la bonne idée d'ajouter votre panier pour les bouteilles.

Bref, vous avez les mains bien pleines et vous vous apprêtez à récupérer un caddie pour filer faire vos courses. Et zut ! Après avoir mis la main dans vos poches (jean : avant et arrière, veste : extérieur et intérieur), vous vous rendez compte que vous avez perdu votre jeton. Il ne vous reste plus qu'à trouver une pièce d'un euro au fond de votre porte-monnaie, lui-même glissé au fin fond de votre sac à main, caché derrière votre paquet de sacs que vous tenez dans vos mains…

À contrecœur, vous déposez tous vos emballages sur le toit de votre voiture (tant pis si ça s'envole) et attrapez votre porte-monnaie. La tuile continue, vous n'avez plus que quelques centimes et un billet dans votre bourse. Et comme le caddie n'accepte pas les billets, il ne vous reste qu'une solution : aller demander à l'accueil un jeton pour remplacer celui que vous avez perdu.

Ça commence bien !

Vous reprenez vos sacs qui forment un joli bouquet plastique et vous vous dirigez vers l'entrée de la galerie marchande. En règle générale, vous aimez jeter un œil aux devantures des boutiques et admirer les nouveautés. Mais pour le moment, avec tous ces encombrants dans les bras, mieux vaut parer au plus urgent (mais pourquoi donc n'avez-vous pas laissé les sacs dans la voiture ?). Vous marchez d'un bon train et, après l'interminable galerie – car oui, elle est interminable quand on avance avec autant de bazar dans ses bras –, vous parvenez enfin à l'accueil. Vous vous faufilez entre deux clients et attendez votre tour.

Au bout de quelques minutes, vous commencez à vous impatienter, il faut dire que le client d'à côté, qui demande un remboursement, est plutôt bouché et que l'hôtesse d'accueil n'a pas l'air capable de se dépêtrer. Vous coupez la conversation et demandez : « Dites, je voudrais *juste* un jeton pour un caddie. »

L'employée vous jette un œil – elle vous jauge ? – et vous tend le sésame pour récupérer votre chariot à roulettes. Sans un mot, elle retourne auprès de son client mécontent et vous filez vers l'entrée du magasin.

Mais pourquoi sont-ils rangés si loin ces fichus caddies ? Les sacs glissent sous vos bras et vous manquez d'en perdre un ou deux au passage. Heureusement, la sortie est tout près.

Joie intense !

Vous allez enfin récupérer un chariot. L'abri le plus proche de l'entrée est presque vide mais ça ira. Voyons un peu, le premier : à éviter, trop sale. Le deuxième : à ignorer, il manque une roue. Ah, celui d'à côté a l'air propre et en bon état. Vous glissez le jeton dans la fente. C'est à cet instant précis que vous vous rendez compte que le caddie n'est pas attaché aux autres…

Dépitée, vous glissez le jeton dans la poche de votre jean et déposez tous vos sacs dans le caddie.

Enfin ! Les courses vont pouvoir démarrer et vous vous dirigez de nouveau vers la galerie marchande. Déjà 15 h 30, il est temps d'aller remplir le frigo.

PANNEAU PUBLICITAIRE
(taille : quatre mètres par trois)

*Fond blanc, écriture rouge, logo de l'enseigne
SuperPrix en dégradé au centre du panneau.*

Légende :
« Pour dépenser MOINS, achetez PLUS
Chez SuperPrix, tout est TOUJOURS moins
cher. »

Nombres premiers

29 janvier

Votre vie n'est qu'une longue suite de chiffres.

Voiture garée allée 7, 12e rangée.

Entrée dans le magasin par l'entrée 1 (la principale), passage entre les portiques 2 et 3 à l'accueil.

Il vous faut :

2 packs d'eau contenant 6 bouteilles d'1,5 litre

4 bouteilles de jus d'orange d'1 litre

2 bouteilles de soda de 2 litres

1 pot de pâte à tartiner de 750 g (ou 825 g si vous en trouvez)

1 pot de confiture de 500 g

2 paquets de céréales : 1 de 375 g et 1 de 750 g

1 paquet contenant 16 pots de yaourts aux fruits à 5 % de matière grasse

1 boîte de chocolat en poudre d'1 kilo

2 paquets de café de 250 g chacun

1 boîte de thé en feuilles de 200 g

3 paquets de riz (blanc, thaï et basmati) de 500 g chacun

2 paquets de pâtes d'1 kilo

Rendez-vous dans l'allée 10 pour découvrir les promotions et les articles vendus à 3 pour le prix de 2. Avec un peu de chance ce sera même du « 1 acheté, 1 gratuit ».

Ne pas oublier les 2 kilos de bananes, le filet de 5 kilos de pommes de terre et le sachet de 2,5 kilos de carottes.

Ajouter 3 pamplemousses (ou 5 si le prix du lot est plus intéressant), 4 avocats et 3 citrons.

Penser à prendre un poulet de 2,5 kilos, s'il n'y en a pas d'assez gros, prendre un filet de porc de 800 g minimum (vous serez 6 pour le dévorer et, comme il faut compter environ 125 g de viande par personne, vous prévoyez un peu plus large).

Passer au rayon poissonnerie et prendre 2 douzaines d'huîtres, 6 coquilles Saint-Jacques et 250 g de crevettes.

Près d'une tête de gondole, vous découvrez le nouveau numéro unique pour joindre le service consommateur : 2378, vous le notez dans un coin de votre tête.

Arrivée enfin au bout de vos courses, vous passez à la caisse 24.

Vous donnez les 3 bons de réduction de 30 centimes que vous avez pour les 3 paquets de riz.

Vous tapez le code 3509 pour votre carte de fidélité, vous apprenez que vous en avez pour 138,92 € d'achats et qu'il vous faut encore taper le code secret à 4 chiffres de votre carte bancaire.

Vous récupérez un ticket de caisse détaillant votre note à grand renfort de chiffres. Vous lisez : 39 articles se trouvent dans votre caddie, vous avez gagné 73 points avec vos achats et vous avez récupéré un bon de réduction de 3 € sur vos prochains achats (pour un montant minimum de 7,5 € dans le rayon fruits et légumes, valable du 1er au 12 du mois suivant).

La caissière en profite pour vous demander quelques renseignements complémentaires concernant votre carte de fidélité :

« Le numéro de rue de votre adresse n'est pas noté.

– C'est le 3.

– Vous pouvez me redonner votre code postal ?

– 35 700.

– Et votre téléphone fixe ?

– 02 23 00 04 05.

– Vous avez un téléphone portable ?

– Oui, c'est le 06 00 03 55 09.

– Merci, au revoir. »

Vous poussez votre caddie vers la sortie 1. Un doute vous assaille : dans quelle allée avez-vous garé votre voiture ?

Dans la famille caddie, je voudrais...

16 février

Parfois, lorsque vous faites vos courses, vous vous interrogez sur les achats des autres clients, leurs habitudes alimentaires. Vous aimez vous imaginer ce qu'ils vont préparer pour le dîner, s'ils auront des invités, s'il s'agit d'une grande famille ou d'une personne seule.

En attendant votre passage à la caisse, vous louchez sur ces caddies et paniers remplis de victuailles hétéroclites. Et ces boîtes de toutes les formes et de toutes les couleurs vous ouvrent grand les portes de l'intimité d'autrui.

Votre regard s'arrête, interrogateur, sur votre voisin, puis glisse et s'arrête de nouveau un peu plus loin.

Tiens, ceux-ci vont s'offrir un sacré barbecue, si vous en jugez par le nombre de saucisses, de brochettes et de paquets de chips entreposés dans le caddie. Le tout accompagné d'énormes packs de bière. Pour finir au mieux ce repas, rien de tel que des glaces à l'eau… Bon moment en perspective ! Il n'y a d'ailleurs qu'à voir le sourire irradier le visage du client.

Le caddie d'à côté, lui, est composé uniquement de conserves en grandes quantités. À y regarder de plus près, il n'y a que des marques premier prix. Vous lancez un discret coup d'œil sur la personne qui pousse le chariot et vous apercevez une famille modeste. La mère est bien soucieuse, ses habits n'ont pas l'air d'être de première fraîcheur. Trois enfants l'accompagnent. Ils se chamaillent et semblent heureux. L'un d'eux est même terriblement excité. Son regard convoite un objet déposé dans le caddie. Curieuse, vous regardez ce qu'il surveille : un jeu vidéo pour une console « nouvelle génération », une nouveauté très attendue d'après ce que l'enfant n'arrête pas de répéter. Un jeu qui doit bien coûter dans les 60 ou 70 €, posé à côté de conserves à moins d'1 € pièce…

Un peu plus loin attend votre catégorie de client préférée. Oui, votre petit plaisir, lorsque vous attendez en caisse, est de faire l'inventaire des articles qu'achètent les célibataires, hommes bien évidemment... D'ailleurs, en voilà un. Tiens, c'est un adepte de plats préparés pour une personne : tranches de jambon sous vide, saucisses de Strasbourg. Il a l'air d'adorer les pizzas (fraîches et surgelées, histoire de varier les plaisirs). Les paquets de biscuits apéritifs ne sont pas loin non plus. De temps à autre (mais pas cette fois-ci), quelques pommes ou bananes se perdent entre deux paquets de chips.

Et, un jour, le panier de ces gens-là change. Tout à coup, ce sont des légumes frais, des fruits exotiques, de la viande ou du poisson premier choix. Un bouquet de fleurs soigneusement coupées vient compléter ces victuailles bien différentes.

Vous vous prenez à rêver et vous imaginez, le temps de quelques « bip » de caisse, le repas que va préparer votre Don Juan rasé de frais. Vous vous demandez comment il va s'en sortir, lui, qui d'habitude ne fait jamais la cuisine ; lui, qui adule le micro-ondes par-dessus tout... En même temps, vous vous rendez compte que les hommes font des efforts parfois bien surprenants et terriblement touchants. Vous espérez secrètement que la demoiselle courtisée saura les deviner et les apprécier à leur juste valeur.

C'est au tour d'une grand-mère d'arriver à la caisse avec son cabas à roulettes. Celui-ci contient quelques légumes, un peu de viande (pas trop non plus, parce qu'avec l'âge « on a moins besoin de protéines animales » vous a appris une petite mamie un jour de courses), une bouteille de vin – c'est pour les réunions de bridge, glisse-t-elle avec un joli sourire à la caissière. Puis vous comprenez que les paquets de bonbons sont pour ses petits-enfants qui viennent la voir à la fin de la semaine. Elle aime bien leur faire plaisir.

Et votre caddie, qu'est-ce qu'il contient ? Révèle-t-il autant de votre personne que le contenu des autres dévoile de leurs vies ? Sans doute bien plus encore...

Bruit de foule, sonnerie de portable, on entend quelqu'un décrocher.

— Voix d'homme 1 (inquiet) : Chérie, t'es où ?

— Voix de femme (enjouée) : Chez SuperPrix, y avait urgence. Ils font des promos flash géniales aujourd'hui.

— Voix d'homme 1 (déçu) : T'es encore partie sans moi ?

— Voix de femme (réconfortante) : T'étais occupé, je ne voulais pas te déranger.

— Voix d'homme 1 (toujours déçu) : Mais tu sais bien que je suis toujours partant pour voir les promos avec toi.

— Voix de femme (toujours réconfortante) : On y retournera demain si tu veux, ils ont prévu des promos encore plus exceptionnelles.

— Voix d'homme 1 (content) : Super ! C'est vrai que chez SuperPrix, il y a toujours de nouvelles surprises.

— Voix de femme (sûre d'elle) : Évidemment ! Je te laisse, la vente flash sur les fromages commence. (Ton de confidence) Je te rapporte du gruyère ?

– Voix d'homme 1 (amoureux) : Ah, qu'est-ce que je deviendrais sans toi…

– Voix d'homme 2 (grave et posée) : Chez SuperPrix, nos clients sont toujours heureux. À demain pour de nouvelles aventures.

Pare-buffle obligatoire

28 février

Clignotant à droite.

Sortie de la voie express, direction « Centre commercial ».

Vous arrivez à bon port et menez votre voiture vers l'entrée du parking, haut lieu prévu pour recueillir votre véhicule parmi les centaines – voire milliers – d'autres qui attendent sagement le retour de leur propriétaire. Mais quel est donc cet endroit recouvert de bitume, envahi de signalisations, de poteaux, de panneaux, d'abris de caddies ? Comment a-t-on pu concevoir un tel lieu aux abords d'un temple de la consommation ? Qui a pu, un jour, avoir l'idée folle de mettre à disposition un espace empli de signes aussi barbares qu'incompréhensibles pour le non-averti ? À croire que seul l'initié peut parvenir jusqu'au magasin dans lequel il veut se rendre !

Bandes blanches, flèches bleues ou blanches, ronds bleus et rouges puis bandes en pointillés, pleines ou zébrées, flèches qui tournent en rond ou encore flèches qui indiquent deux directions…

Vous passez votre permis de conduire ? Non, non… Vous êtes entrée dans un parking !

Des stratagèmes mis en place pour vous faciliter la vie – ah bon ? –, pour vous permettre de vous repérer dans ces grands endroits sans vie – mais si ! regardez bien, il y a quelques arbres, malingres certes, mais ils ont encore des feuilles… – et vous accompagner jusqu'à votre caddie – ceux-là, impossible de les rater !

Et vous, avec votre voiture qui commence à rouiller aux coins des portes, vous ne voyez plus depuis longtemps les efforts déployés pour vous accueillir, que vous soyez à bord d'une grosse cylindrée ou d'une voiture sans permis. Tout est calculé et prévu pour vous permettre de vous garer où bon vous semble – enfin presque…

D'abord vous passez la frontière invisible entre la route et cet immense garage à ciel ouvert, symbolisée par ces barrières qui limitent la hauteur des véhicules. Rassurez-vous, c'est l'ère de la libre-circulation, sans douanier... Seule contrainte : votre voiture ne devra pas dépasser les deux mètres au garot. Qui pourrait bien venir faire ses courses en camion ? Et pourtant, la barrière a subi quelques coups, à croire que si, on peut venir faire ses courses en camion. Mais au fait... les camping-cars et les camionnettes, ils passent ? Curieusement, vous ne vous étiez jamais posé la question, et là vous comprenez enfin pourquoi, aux abords du parking « officiel » du magasin, vous voyez toujours quelques véhicules hauts sur roues garés à la « va comme je te pousse » sur le talus.

Revenons à votre voiture. Nous suivons vos premiers pas – pardon... premières roues – dans ce parking. Vous roulez doucement, suivant le flux de voitures avançant à des allures diverses, de la tortue indécise qui ne sait si elle va tourner à gauche ou à droite ou, pire, continuer encore un peu tout droit, au lièvre qui vous double et vous frôle à moins de dix centimètres de votre rétroviseur, faisant une queue de poisson à la tortue devant vous. Au loin, vous voyez le lièvre piler, faire une marche arrière dans un crissement de pneus et prendre une place de parking libre. Vous avez à peine eu le temps de faire dix mètres de plus avec votre propre véhicule que le conducteur est déjà sorti du sien et s'engouffre dans le magasin.

Allez, il est temps de prendre une grande décision : vous engager dans une allée et quitter la tortue. Vous tournez à gauche et entamez votre quête d'une place libre, pas trop loin de l'entrée du magasin et pas trop près des rangées de caddies. Idéalement, vous voudriez une place en bordure de trottoir, histoire d'éviter les coups de portière des autres voitures et le passage excessif de caddies…

Vous laissez tomber votre idéal en découvrant une place libre quelques mètres plus loin. Pourquoi attendre si vous pouvez vous garer plus près de l'entrée du magasin ? En plus, l'abri de caddies est juste en face de vous. Que demander de plus ?

Vous garez donc votre voiture en deux coups de cuillères à pot – enfin, pour être honnête, en trois manœuvres mais qui ira vérifier ? – et vous vous extirpez avec quelques contorsions. Les places sont un peu justes, surtout quand le véhicule d'à côté n'est pas capable de se mettre entre les lignes blanches.

Hé, c'est toute une technique ! Qui a dit que se garer était facile ?

Mes doigts, mes amours

7 mars

Dieu nous a créés avec des mains remplies de doigts : au nombre de cinq généralement, à quelques rares exceptions ou accidents près. Après tout, il faut bien s'en servir et vous ne vous gênez pas pour utiliser au mieux ces outils exceptionnels mis à votre disposition depuis le jour de votre naissance (vous les aviez même déjà testé dans le ventre maternel…).

Quand vous étiez petite, ils offraient un outil de plaisir absolument unique. Vous pouviez sucer votre pouce en toute sérénité et prendre un grand instant de plaisir, le genre de moment que l'on ne peut partager avec qui que ce soit. Puis, vous avez grandi et découvert que vos mains pleines de doigts pouvaient aider à attraper des objets, agripper tout ce qui passait à proximité.

Bref, de vrais outils de travail qui ne vous quitteraient plus de votre vie.

Que ce soit pour faire du stop, grimper à une échelle, prendre un balai ou taper sur un clavier d'ordinateur, vos doigts sont continuellement occupés – heureusement qu'ils ne s'usent pas trop vite, d'ailleurs ! J'imagine bien sinon des moignons de doigts qui resteraient après quelques années d'utilisation...

Forcément, lorsque vous allez faire vos courses, vos mains pleines de doigts vous accompagnent et facilitent grandement vos recherches de produits.

Déjà, sur le parking, ce sont vos doigts qui vont toucher en premier les chariots et ils auront tendance à choisir celui qui ne colle pas ou ne glisse pas sous les paumes. Toujours prudents, on pourrait croire qu'ils sont animés de leur volonté propre et qu'ils travaillent au mieux pour préserver la chair qui les entoure.

Au rayon blanc, vous pressez une serviette-éponge pour tâter le moelleux, une opération impossible sans vos doigts.

Au rayon lingerie, vous effleurez une nuisette en soie, le toucher si agréable et caractéristique de cette matière noble n'apporterait pas autant de plaisir sans vos doigts (vos coudes sont nettement moins sensibles).

Au rayon outillage, vous remarquez très vite que la scie est bien affûtée et retirez vos doigts avant de devoir les ramasser sur le carrelage.

Arrive le moment crucial des courses, le passage dans les rayons alimentaires. Autant se l'avouer tout de suite, c'est là que vos doigts prendront le plus de plaisir et dévoileront tout leur potentiel insoupçonné...

Vous commencez par le rayon fromage, vous prendriez bien un camembert pour changer de l'éternel morceau de gruyère. Seulement voilà, dilemme : vous en cherchez un pas trop plâtreux (vous avez horreur du camembert trop dur mais il ne faut pas non plus qu'il soit trop coulant) et, pour parvenir à trouver l'article convoité, la date de péremption dudit fromage sera certes une aide bien appréciable, mais elle n'en est pas moins là qu'à titre indicatif. Une seule solution : tâter le camembert à travers son emballage. Le tout est de savoir doser la pression du pouce. Vous voulez connaître la résistance de la bête mais éviter de transpercer le papier d'emballage et de laisser vos empreintes digitales sur la croûte tout en récupérant un morceau sous votre ongle.

Visiblement, beaucoup d'autres clients utilisent le même stratagème que vous mais sont beaucoup moins efficaces dans le jeu du « j'enfonce mon doigt » et ils y vont souvent comme des brutes. Pour un peu, vous auriez presque l'impression de voir un fromage troué (ce n'est pourtant pas du gruyère que vous voulez…). La première étape est donc de choisir un camembert encore vierge de toute empreinte et d'y apposer la vôtre, de manière un peu plus subtile cependant.

Chance ou miracle, dès la seconde boîte ouverte, vous en découvrez un intact. Vous enfoncez doucement votre pouce et voyez bien vite qu'il est trop mou. Celui-là n'est pas pour vous ! Vous refermez la boîte et vous la reposez sur la pile d'à côté. Vous en prenez un autre, le testez et recommencez l'opération plusieurs fois jusqu'à trouver votre bonheur. En moins de temps qu'il n'en faut pour le dire, vous avez déniché votre fromage, ouvert seulement cinq boîtes, laissé vos empreintes – oui, mais elles sont à peine visibles, pensez-vous pour vous défendre – sur autant de camemberts et récupéré l'objet de vos désirs. Hop, au fond du caddie et au rayon suivant.

Vous vous dirigez vers le rayon de la viande bovine. Vous prendriez bien des steaks pour ce soir. Oui, mais vous voulez des morceaux très tendres. Qu'à cela ne tienne, vous allez utiliser votre infaillible technique du doigt du savoir. Vous attrapez une barquette de viande et vous pressez le plastique avec votre doigt, c'est nettement moins aisé que pour le camembert. Car sentir par simple pression le moelleux ou la dureté de la viande demande une bonne expérience et vous en êtes encore à l'apprentissage. Du coup, vous enfoncez joyeusement vos bouts de doigts dans la viande et écrasez quelque peu les steaks. Vous comparez plusieurs barquettes pour, finalement, vous diriger vers les steaks hachés, tout simplement parce que le toucher « bovinal » ne vous a pas convaincue. Tant pis pour les morceaux de viande malmenés.

Chers doigts, en avez-vous assez ? Non ? Alors, continuons les courses.

Et, pour terminer le remplissage de votre chariot, si vous preniez un sachet de bonbons ? Vous tentez une nouveauté mais, curieuse, vous vous demandez si ces bonbons sont mous ou durs. Qu'à cela ne tienne, vos petites mimines vont vous aider à palper ce sachet tout en plastique. Vous commencez à écraser méticuleusement le paquet, difficile de se rendre compte de la consistance des bonbons. Ce sachet est fermé trop hermétiquement, impossible d'écraser à loisir ces bonbons. Au bout de quelques essais, vous parvenez à en isoler un dans un coin du sachet et vous arrivez enfin à connaître sa consistance : ils sont mous. Parfait ! Vous reposez le sachet et prenez celui d'à côté.

Vous rengainez vos doigts dans vos poches et, satisfaite de vos trouvailles, vous êtes reconnaissante envers vos mains qui vous ont permis, aujourd'hui encore, les choix les plus judicieux pour remplir votre caddie.

Ceci n'est pas une carte de crédit

19 mars

Les fins de mois sont un peu difficiles ces temps-ci. Il faut dire que vous avez eu pas mal d'imprévus : lorsque la chaudière rend l'âme la même semaine que le lave-linge, vous avez forcément quelques petites sueurs froides quand apparaissent les factures des réparateurs... Et vous pensez : pourvu que la voiture tienne encore un peu !

Forcément, lorsque vous sortez faire vos courses le lendemain, vous prenez pour la première fois deux minutes pour regarder la carte de paiement du magasin dont la caissière vous vante les mérites depuis si longtemps. Jusqu'à présent, vous n'y prêtiez jamais attention – faire vos courses à crédit ? Et puis quoi encore ! –, vous notez que des facilités de paiement sont offertes – on ne parle pas de crédit ici… – et que vous allez pouvoir payer vos courses seulement le mois prochain ou en trois fois – et sans frais ! Génial, pensez-vous, comme ça, vous aurez reçu votre paie, le découvert à la banque sera un peu moins important. Après tout, pourquoi pas ?

À circonstance exceptionnelle, solution exceptionnelle…

Vous allez donc demander des informations à l'accueil sur cette carte de paiement. L'hôtesse vous propose de passer au stand « Cartes et crédits » et vous informe que quelqu'un répondra à toutes vos questions. Voilà, vous y êtes. Demander quelques renseignements ne vous engage à rien.

Apprêtez-vous à effectuer un voyage extraordinaire.

Vous apercevez une personne derrière un bureau équipé d'un ordinateur (moderne !) et d'un Minitel (heu… moderne ?). Juste à côté une pile de prospectus vantant, à grand renfort d'exemples et de photos de gens souriants, les mérites de la fameuse carte de crédit. La conseillère va vous guider et vous prendre par la main pour les prochaines étapes. Ceci dit, les étapes vont aller vite et vous n'aurez même pas le temps – ni l'envie d'ailleurs – de vous rendre compte des conséquences…

Elle est pas belle la vie ?

Mine de rien, vous posez quelques questions sur cette carte de paiement, vous apprenez alors que c'est une carte gratuite – la première année, et vous vous engagez pour trois ans –, qu'elle vous est délivrée immédiatement – enfin, c'est une carte provisoire, la définitive vous la recevrez directement chez vous dans votre boîte aux lettres – et que vous allez pouvoir régler vos courses dès aujourd'hui avec votre toute nouvelle carte magique.

Elle est pas belle la vie ?

Vous êtes de plus en plus intéressée, vous avez retenu deux choses essentielles : gratuite et ça marche tout de suite – comment ? Vous avez oublié d'autres infos ? Mais non !

La conseillère vous donne alors plus de précisions et vous explique qu'elle n'a besoin que de quelques informations pour créer votre carte. Elle vous demande si vous avez avec vous votre chéquier, un RIB et une pièce d'identité. Il faudra aussi une quittance de loyer mais vous pouvez la faire parvenir par courrier – par mail ? Non, mais par fax c'est aussi tout à fait possible.

Coup de bol, vous avez tout avec vous, même la feuille de loyer reçue hier par courrier, glissée dans votre sac et que vous avez oublié de retirer... Si c'est pas un signe, ça !

Elle est pas belle la vie ?

Vous entrez un peu plus dans les détails et découvrez que non seulement la carte est une carte de paiement différé, mais qu'elle peut fonctionner aussi en paiement immédiat ou par petites mensualités (par exemple en dix fois avec des taux apparemment très avantageux pour le crédit). En fait, elle vous offre un tas d'utilisations diverses et variées, vous propose un choix judicieux pour vos achats et vous évitera, si par exemple vous souhaitez acheter un téléviseur de plusieurs centaines d'euros, de faire un crédit à la consommation auprès de votre banque. Votre carte de paiement gère tout directement et il n'y aura qu'un simple bouton (les mauvaises langues vous diraient qu'il est rouge) à presser en caisse pour lancer ces paiements en plusieurs fois. C'est beau le progrès...

Elle est pas belle la vie ?

Ceci dit, pour l'instant, tout ce qui vous intéresse, c'est le paiement en différé pour régler en début de mois prochain à cause de vos fameux appareils ménagers hors-service. Le reste, vous préférez vous en passer parce que ça commence avec un crédit et ça finit avec une multitude. Vous connaissez la chanson. De toute façon, la conseillère vous a bien dit que tout le reste est facultatif et que vous pouvez ne vous servir que du paiement différé (et sans frais). De plus, vous êtes automatiquement assurée avec votre carte, ça fait partie du service – assurée pour quoi ? Vous avez vaguement entendu parler de juridique et d'accident mais vous avez oublié aussi vite que vous avez entendu... Bof, de toute façon, vous êtes déjà assurée.

Elle est pas belle la vie ?

C'est décidé, vous allez prendre la carte. Vous remplissez les formalités sur un... formulaire papier et l'employée les retranscrit sur Minitel. Elle photocopie vos papiers officiels, garde votre RIB et un chèque barré – non, rassurez-vous, ce n'est pas pour l'encaisser. Quelques minutes plus tard, l'employée vous remet votre carte de paiement provisoire et vous en explique le fonctionnement. Rien de bien sorcier, c'est exactement comme votre carte bancaire, vous avez même pu choisir le code secret et vous allez passer en caisse comme d'habitude. La seule différence, c'est qu'au moment du paiement vous pourrez choisir comment vous réglerez : au comptant, en différé ou à crédit.

Elle est pas belle la vie ?

Vous êtes satisfaite par cette transaction, contente, même, de votre nouvelle acquisition et ravie de pouvoir faire face à cette fin de mois difficile. En partant, vous passez devant le rayon high-tech et découvrez les nouvelles générations de télévisions haute définition. Vous vous sur-prenez à compter et à étudier l'éventualité d'un crédit sur cinq ou dix mois pour régler ce genre d'achat. Ça semble si simple. Si facile. Pourquoi pas ? Mais vous êtes raisonnable, vous verrez ça le mois prochain…

Elle est pas belle la vie ?

Intérieur d'une cuisine – gros plan sur un réfrigérateur vide.

Action – Effet spécial : une baguette magique apparaît et lance des étincelles sur tout l'écran.

Résultat – Réfrigérateur rempli de denrées alimentaires.

Voix off (voix masculine grave) : « Vous aimeriez pouvoir remplir votre réfrigérateur d'un coup de baguette magique ? Vous et moi savons que ce n'est pas possible. »

Fondu enchaîné.

Intérieur d'une grande surface – zoom sur un caddie roulant dans les rayons, des articles apparaissent comme par magie dans le chariot.

Voix off : « Par contre, nous vous proposons les meilleurs produits aux meilleurs prix et sans magie. Tout est possible chez SuperPrix. »

Cascades en folie

5 avril

Alors que vous poussez tranquillement votre caddie sans rien demander à personne, alors que vous listez consciencieusement les articles dont vous avez besoin, votre caddie dévie sans crier gare de sa trajectoire initiale. Vous faites un pas et c'est votre pied (oui, le vôtre !) qui dérape. Vous manquez de peu le grand écart. Votre salut ne tient qu'à ce pilier porteur que votre bras a tout juste eu le temps d'accrocher (sacrés réflexes !). Vous vous agrippez tant bien que mal et parvenez à vous remettre d'aplomb.

Mais que s'est-il passé ? Pourquoi donc avez-vous glissé ? Vous ne portez pas vos chaussures à talons aiguilles. Votre caddie non plus.

Vous jetez un œil vers le sol et découvrez la cause de votre frayeur : un pot de moutarde écrasé par terre, violemment explosé. Un suicide ? Quelqu'un l'aurait poussé ? Quoi qu'il en soit, vous êtes seule dans le rayon et, si coupable il y a, celui-ci s'est défilé...

En revanche, l'étendue de la coulure de moutarde vous montre que ce pot avait au moins la taille familiale, voire industrielle.

Vous êtes au milieu de cette mare jaunâtre et mieux vaut faire attention où vous allez poser votre pied et votre roue de chariot. Le risque de rechute est critique ! Vous marchez précautionneusement et enjambez autant que possible les dégâts. Au bout du rayon, une mamie avance à petits pas et conduit son chariot droit sur la zone sinistrée. Vous l'interpellez et lui montrez ce vers quoi elle se dirige. Agacée par la situation et par le changement de trajectoire qu'elle va devoir opérer, elle soupire bien un peu mais fait demi-tour et passe au rayon épicerie.

Comme vous êtes prévenante, vous cherchez un employé dans le magasin pour lui signaler l'incident. Nettoyer tout ce bazar évitera quelque accident, vous dites-vous. Et c'est parti pour la chasse à l'homme, car trouver un employé en plein après-midi tient de l'exploit olympique. Personne à droite ? Personne à gauche ? Vous ne vous découragez pas et passez au rayon d'à côté. Toujours personne… Celui d'après ? Toujours rien, tiens la petite mamie de tout à l'heure est arrivée jusque-là.

De l'autre côté de la gondole, vous apercevez le rayon fromage à la coupe et, par chance, il y a une vendeuse. Elle saura qui joindre pour résoudre le problème qui vous préoccupe. Seulement voilà, elle est déjà occupée avec un client. Ils semblent absorbés par leur passionnante conversation sur les bienfaits du fromage de brebis, supérieurs à ceux du fromage de chèvre.

« Excusez-moi.
— Je suis occupée. Merci de patienter.
— Oui, mais…
— S'il vous plaît, je suis occupée, attendez votre tour. »

Vous laissez tomber mais ne vous avouez pas vaincue pour autant. Vous êtes persévérante. Vous trouvez un vendeur, libre celui-là, les rayons fruits et légumes semblent moins sollicités…

« Excusez-moi.
— Oui ? »
Joie. Il est disponible et il vous répond…

« Un pot de moutarde est cassé un peu plus loin et j'ai failli tomber en marchant dessus.

– Ah ? Quel rayon ?

– Euh, je n'ai pas fait attention. Un peu plus loin par là-bas. »

Vous joignez le geste à votre parole et montrez du doigt une zone assez incertaine.

L'employé dégaine son téléphone et appelle un agent de nettoyage.

Vous reprenez vos courses et remplissez enfin votre caddie.

Quelques minutes plus tard, le chariot à moitié plein, vous repassez devant le rayon où gisait la moutarde. Le sol est propre, brillant, immaculé même.

Ils sont rapides, pensez-vous. Vous avancez d'un pas sûr dans ce même rayon pour enfin prendre les condiments dont vous avez besoin. En avançant, vous dérapez et manquez une fois encore de faire le grand écart. Surprise, vous jetez un regard courroucé en pensant très fort qu'il est aberrant de si mal nettoyer.

Et pourtant... il n'y a plus une seule trace de moutarde. C'est le produit pour laver le sol qui a rendu celui-ci aussi glissant qu'une patinoire...

D'un mal, vous avez récupéré un autre. Reste à savoir lequel des deux vous préférez.

L'artiste veille

18 avril

C'est le jour de votre sortie culturelle hebdomadaire. Vous allez vous retrouver dans un environnement exceptionnel. Vous allez pouvoir admirer l'artiste qui sommeille en chaque fournisseur, chaque créateur de marque et de produit, chaque employé qui range amoureusement son rayon pour vous donner à vous, chère cliente, l'envie de venir admirer les derniers objets de leur collection.

Mais où vous rendez-vous ?

Ouvrez donc les yeux et regardez votre magasin. Ne vous êtes-vous jamais demandé pourquoi vous pouviez avoir envie d'aller dans un rayon plutôt que dans un autre ? Pourquoi une boîte vous attirait plus qu'une autre ? Ce qui vous tentait dans ce paquet de biscottes alors que vous n'en achetez jamais ?

Au-delà des promotions proposées par le magasin, il y a un autre pan du monde de la grande distribution qui vous attire, celui du design, du merchandising et des recherches poussées effectuées par les producteurs de tous vos articles de consommation. Et c'est comme ça que, à chaque arrivée dans votre magasin, vous plongez dans une véritable… visite culturelle.

Suivez le guide.

Devant vous se dresse l'allée centrale, point névralgique de votre visite. Vous allez découvrir ici des expositions éphémères. Pour les voir toutes, il vous faudrait revenir chaque semaine. Sachez que tous les courants artistiques se succèdent ici. Chacun a droit à son heure de gloire avant de laisser sa place au suivant. Je vous invite à revenir admirer ces lieux lors de vos prochaines visites.

Sur votre droite, vous pouvez apprécier une galerie entière dédiée à la gloire du courant Rococo. Ici, tout est fait pour rompre les grandes lignes droites ; les courbes prennent le pas sur le reste. Le tout est accompagné de délicats mélanges de touches de couleurs offrant un ensemble doux et harmonieux. Même si certaines compositions paraissent frivoles ou décalées, elles gardent une légèreté d'une étonnante fraîcheur. Les verres aux multiples formes accompagnent les assiettes de toutes les tailles et de toutes les couleurs. Les couverts aux formes arrondies se bousculent un peu plus loin dans l'allée.

Bienvenue dans la galerie vaisselle.

Sur votre gauche, vous pouvez découvrir un espace dédié au courant cubiste. Admirez cette orgie de formes simples et géométriques. Le métal côtoie le plastique et le carton, dominant un ensemble d'une esthétique frôlant parfois l'abstraction tellement la multiplicité des articles donne le vertige. Les couleurs franches de ces objets renvoient elles aussi à ces figures géométriques simples.

Bienvenue dans la galerie conserves et aliments secs.

Je vous prierais d'avancer un peu plus loin et de vous diriger vers l'allée de droite.

Entrez à présent dans le fabuleux courant surréaliste, vous y découvrirez avec envie le monde onirique réservé aux enfants (ou presque). Vous remarquerez tout le long des couleurs, des objets, des boîtes de toutes les formes et de toutes les matières. Vous aurez même la chance de quitter ce monde si réaliste pour tomber dans cet univers du rêve où tout est permis. Car oui, vous voilà transformée en princesse ou en GI Joe le temps de ces quelques mètres ou, mieux encore, vous êtes devenue un vrai cow-boy (sans le cheval mais avec des supercolts dorés en plastique) et vous allez pourchasser les Indiens (qui portent des plumes multicolores et un pagne 100 % polyester). Bref, le rêve est à votre portée.

Bienvenue dans l'espace jouets.

Dommage, c'est déjà la fin de ce beau voyage, mais quelle traversée !

Vous voici de nouveau dans cette grande allée centrale. Suivez le guide, il va vous conduire dans un endroit incroyable où tout client se doit de découvrir l'artiste qui sommeille au plus profond de ce personnage hors catégorie...

Vous êtes dans un espace où deux courants se mêlent : l'impressionnisme et le maniérisme, très loin de la froide réalité. Vous voilà d'un seul coup transporté dans un monde où la surprise est mise en avant, offrant au client un nombre incalculable de formes, de couleurs chatoyantes, de détails fouillés. Tout rayonne ici. Tout donne envie. Si l'artiste du rayon s'attache à la réalité des produits qu'il vend, il s'en échappe par le raffinement de son étalage, les formes généreuses, les mises en scène incroyables de créatures fantastiques à l'air si vivant, tant la recherche du mouvement est forte.

Bienvenue dans la galerie poissonnerie, un lieu où ces corps luisants et souvent peu appétissants prennent une tout autre dimension sur ces grands panneaux glacés. Les crabes encore vivants côtoient avec harmonie les filets de sabre et de merlu.

Pour qui se donne la peine d'observer, c'est très certainement la plus belle allée du magasin, avec ses grands tableaux et ses fresques magnifiques.

Nous terminerons aujourd'hui notre visite par le rayon dédié au fauvisme. Ici, c'est une débauche de couleurs où chaque article est prétexte à faire ressortir une pigmentation plus extravagante que la précédente. L'essence même du rayon n'est pas dans sa forme, même s'il affectionne la pyramide. Non, ce qui compte ici, c'est ce que le client va ressentir lorsqu'il verra ces fraises d'un rouge vif près de tous ces pamplemousses au jaune éclatant. Et que pensera-t-il quand il découvrira le foisonnement de verts des centaines de salades, l'orange si particulier des carottes qui tranche avec le violet des aubergines ? Couleurs harmonisées, le regard glisse et apprécie. Tout est émotions et sensations. Nul besoin de chercher d'explications, c'est le ressenti qui compte ici.

Bienvenue dans la galerie fruits et légumes.

Pour le côté minimaliste, il me semble que vous aurez la possibilité de découvrir ce courant hors du commun dans l'allée suivante. Oui, vous avez de la chance, admirez le panneau « Rupture de stock ».

Bien évidemment, cette visite est loin d'être exhaustive et je vous invite à revenir découvrir les autres courants au cours de vos prochaines courses. Vous pourrez admirer les zones réservées au néoclassicisme (vive le 0 % !), le rayon Renaissance (spécial puériculture) ou encore le courant romantique (rendez-vous dans la galerie textiles).

N'oubliez pas ! Le magasin de souvenirs est présent sur toute la surface. Contrairement au musée traditionnel, ici, vous pourrez acheter tous les objets d'art présentés. Beaucoup sont à des prix on ne peut plus abordables et vous êtes cordialement invitée à créer, une fois rentrée chez vous, votre propre univers culturel.

Jeu de piste

6 mai

Quoi de plus normal, dans un supermarché, que de trouver les pots de confiture rangés à côté des pots de pâte à tartiner ?

Quoi de plus naturel que de trouver dans le même rayon les fromages à pâte molle et ceux à pâte dure ?

Quoi de plus logique que l'huile qui côtoie le vinaigre et les condiments sur l'étagère adjacente ?

Il faut bien l'avouer, les rayons sont conçus de manière à rassembler les articles qui se ressemblent... Ainsi, lorsque vous allez faire le plein de pâtes, vous pensez à reprendre en même temps un ou deux paquets de riz. Et lorsque vous achetez un pot de moutarde, le pot de cornichons posé juste à côté atterrit souvent dans votre caddie.

Vous avez aussi la possibilité, lorsque vous achetez votre serpillière, de prendre en même temps la Javel et le balai-brosse qui vont avec. Il est aussi tout à fait possible d'acheter les rouleaux de papier toilette et de prendre en même temps le nettoyant WC judicieusement placé en face des précieux rouleaux.

Bref, tout est étudié. La consommatrice avertie que vous êtes en est positivement ravie. Logique !

Mais il arrive certains rangements vous échappent.

Pourquoi, lorsque vous voulez prendre de l'essuie-tout, il est disponible au rayon ménager, mais si, pour changer, vous voulez acheter des serviettes en papier... il vous faut traverser la moitié du magasin jusqu'au rayon vaisselle jetable avec assiettes en carton, nappes en papier – tiens, et curieusement les nappes en tissu ou en Bulgomme sont dans le rayon voisin...

Vous avez déjà sillonné le magasin deux fois dans sa longueur et, tandis que vous vous retrouvez tout au bout de la grande surface et que vous déposez dans votre caddie du café moulu, vous vous souvenez que vous avez besoin d'un filtre pour la cafetière. Non, pas ceux en papier, mais un filtre durable en plastique qui permet à peu de frais un petit geste écolo... Seulement voilà, que nenni ! Un filtre à café comme celui-là, vous n'en trouverez pas dans le rayon du café moulu ou en grains, vous n'en verrez même pas l'ombre près de ses confrères de papier, ni même près de la chicorée. N'allez pas plus loin, le royaume du chocolat en poudre ou en morceaux ne vous laissera pas plus de chance de trouver l'objet de votre quête. Il vous faut reprendre votre caddie, parcourir à nouveau tout le magasin et vous rendre au rayon ménager : près des cafetières électriques exposées se trouvent, dans un coin, les filtres en plastique.

Vous pouvez terminer vos courses alimentaires et parcourir une fois encore les allées.

Rassurez-vous, certains articles alimentaires sont eux aussi sujets à des rangements qui paraissent parfois aléatoires. Mais si ! Vous avez forcément quelques exemples en tête.

Vous souhaitez changer l'huile de votre friteuse électrique ? Vous voulez innover et tester la Végétaline ? Vous pensez trouver cet article avec les autres huiles et condiments ? Perdu... Ce sera plutôt du côté des produits biologiques (qui a parlé de logique ?) sept ou huit allées plus loin…

Vous désirez acheter un filet d'oignons mais aussi des oignons séchés en bocal (toujours pratique quand il n'y en a plus de frais) ? Si le premier se trouve fort logiquement au rayon fruits et légumes, l'autre est beaucoup plus loin, avec les condiments.

Évidemment, vous voyez bien qu'il existe une logique pour le rangement de tous ces articles qui, en fin de compte, ressemblent à d'autres. Cependant, vous ne pouvez vous empêcher de penser que ce type de rangement n'a pas été étudié pour le bien-être des consommateurs, mais plutôt à l'avantage du magasin, qui multiplie les déplacements de ses clients et donc leurs passages dans des rayons où ils ne vont habituellement jamais. Un bon moyen pour découvrir d'autres rivages dans ces immenses allées ? Sans doute. Une nouvelle possibilité de découvrir des articles qui deviendront indispensables par la suite ? Sûrement.

Alors oui, chacun a ses habitudes et ses moyens mnémotechniques pour ne rien oublier. Mais, parfois, vos pieds vous diront qu'ils n'en peuvent plus d'arpenter sans arrêt toutes ces allées et de repasser dix fois devant le même rayon avant de découvrir que ce que vous recherchez se trouve à l'autre bout du magasin...

Courage, il vous reste encore à prendre les packs d'eau et les bouteilles de jus de fruits, positionnés à l'exact opposé de l'entrée, que vous atteignez une fois votre chariot déjà bien plein...

Il y a du vice dans l'air, non ?

ENCART PUBLICITAIRE
DANS LA PRESSE QUOTIDIENNE
(pleine page en noir et blanc)

Logo de l'enseigne en haut à droite.

Photo d'un pack d'eau de la marque du distributeur.

Un prix (illisible) est barré et un autre est inscrit en gras : « 1 € ».

Légende :

« SuperPrix étanche votre soif, pas votre porte-monnaie. »

Renseignements haute définition

21 mai

Une fois n'est pas coutume, ce n'est pas pour remplir votre frigo que vous allez dans votre supermarché, mais pour acheter un téléviseur. Parce que, non content de vous vendre tous les produits alimentaires dont vous avez besoin – ou moins besoin –, votre magasin a mis à votre disposition du terreau, une scie, un radiateur, des lampes ou encore un rayon high-tech bien fourni.

Vous savez ce que vous voulez : une télé à écran plat, haute définition, facile à utiliser, design et pas trop cher. Oui, rien que ça !

Ceci dit, vu la quantité de modèles différents étalés sous vos yeux, le conseil d'un vendeur ne sera pas superflu. Dans le rayon, vous repérez un employé qui a l'air de s'y connaître à en juger par le nombre de clients qui l'interpellent. Vous venez à votre tour profiter de ses précieux conseils et lui expliquez ce que vous souhaitez. Vous attendez de la part du jeune homme quelques informations complémentaires sur les différents modèles. Il vous explique qu'il n'y a rien de mieux que la Full HD, qu'il est préférable d'éviter la HD Ready, qu'il vous faut absolument la TNT intégrée pour éviter un appareil supplémentaire chez vous – vous en avez déjà un ? vous pourrez enlevez une télécommande alors –, que c'est mieux avec une prise HDMi, mais aussi une prise péritel – pour brancher votre magnétoscope si vous en avez encore un (vous ne l'avez pas encore remplacé par un enregistreur DVD ? vous fait judicieusement remarquer le vendeur), ou votre lecteur DVD s'il n'accepte pas les nouvelles connectiques. Il vous balance à la volée un tas de conseils qui vous dépassent un peu mais ce vendeur semble tellement sûr de lui que vous buvez ses paroles. Après tout, chacun son métier !

En regardant dans le rayon, vous vous rendez compte que la gamme de prix est très large : du simple au double entre deux écrans de même taille mais de marques différentes. Vous interrogez le vendeur à ce sujet. Il vous répond que les appareils de grande marque sont toujours plus chers que ceux de la marque distributeur – comprenez une sous-marque – et que la qualité de l'objet est très différente – enfin, il paraît.

Le vendeur vous questionne à son tour sur votre budget et vous guide vers un appareil, qui semble-t-il, est au top, même s'il dépasse un peu la somme que vous aviez envisagé de dépenser. D'ailleurs, il vous confie : « J'ai le même à la maison et j'en suis très content. » Aaah ! L'argument imparable, celui qui pourrait bien vous faire craquer...

Le vendeur continue sur sa lancée et vous vante les mérites de l'écran fort lumineux, de la précision de l'image et de toutes les options disponibles. Terriblement enthousiaste, il connaît parfaitement ce produit et sait mettre en avant toutes ses qualités (une mauvaise langue pourrait vous susurrer qu'il ne fait que lire les étiquettes... mais chut...). Certes, le prix est un peu élevé mais, après tout, c'est un bon investissement et vous ne devriez pas être déçue...

Allez, vendu !

Avec un grand sourire, le vendeur vous prépare tous les papiers de garantie et dépose même le carton dans votre caddie. Compétent et serviable en plus.

Une fois les formalités remplies, vous repartez vers l'entrée du magasin, votre achat sous vos yeux. Le moins que l'on puisse dire, c'est que vous vous êtes fait plaisir et que vous allez faire des heureux à la maison ce soir !

En vous éloignant, vous apercevez du coin de l'œil le vendeur s'approcher d'autres clients. Ceux-ci regardent une télé encore plus grande que celle que vous venez d'acheter. Et vous entendez le vendeur : « Bonjour, je vois que vous regardez ce modèle avec intérêt. Vous pourriez presque le prendre les yeux fermés tellement c'est une valeur sûre. D'ailleurs, j'ai le même à la maison. »

Il les collectionne ? Vous préférez ne pas vous attarder et vous repartez, ravie, avec votre toute nouvelle acquisition, préférant ne pas réfléchir sur la pseudo-compétence du vendeur.

Vous oubliez aussi sec cet incident.

Cherche décodeur désespérément

2 juin

Quand vous entrez dans un supermarché, vous arrive-t-il parfois d'avoir l'impression d'atterrir sur une autre planète ? Enfin, peut-être pas, mais du moins l'étrange sensation de vous retrouver dans un pays où vous comprenez la plupart des mots séparément, mais pour ce qui est du sens général… En poussant votre caddie, vous entendez des bribes de conversations d'employés qui circulent dans le magasin. Que vous le vouliez ou non, des phrases et des morceaux de dialogues arrivent à vos oreilles.

En version originale, ça peut donner quelque chose comme ça :

Près de l'accueil.

« T'as vu la nouvelle TGS qui a ouvert à quelques kilomètres d'ici ?

– Oui, j'y suis allée pendant mon repos hier. T'aurais vu comment ils ont implanté tout leur saisonnier ! »

Ils plantent des saisonniers ?

Dans la grande allée à l'entrée du magasin.

« ... m'a encore fait un *facing* de merde.

– Il n'a jamais appris à aménager un linéaire, il serait temps de... »

Vous vous demandez si vous ne venez pas d'entendre une insulte.

Dans un rayon.

« Tu verrais tout ce qu'il me reste encore à gerber, j'en... »

Une soirée bien arrosée sans doute ?

Dans le même rayon.

« Va falloir me dégerber tout le stock. »

Ouh la ! Vous craignez le pire.

Au bout d'un rayon.

« ... en place ?

– Oui, tout le nouveau catalogue est là. En plus, on a pu avoir une belle TG et niveau kake-monos, ils ont bien bossé à la repro. »

Cette phrase a-t-elle un sens ou est-ce un cadavre exquis qu'André Breton n'aurait pas renié?

En caisse.
« Fichu TPE, il buggue encore. Il faut absolument que je change d'îlot. »
Y aurait-il la mer dans le coin ?

Vous n'avez pas tout compris ? On se refait la visite version sous-titrée ?

Près de l'accueil.
« T'as vu le nouveau petit hypermarché [TGS : Très Grande Surface, c'est-à-dire un magasin de moins de 5 000 mètres carrés] qui a ouvert à quelques kilomètres d'ici ?
– Oui, j'y suis allée hier pendant ma journée de repos et t'aurais vu comment ils ont mis en place tout le rayon dédié à la saison actuelle ! »

Dans la grande allée à l'entrée.
« ... m'a encore mal présenté les produits identiques sur le rayonnage.
– Il n'a jamais appris à ranger les articles dans les rayonnages, il serait temps de... »

Dans un rayon.

« Tu verrais tout ce qu'il me reste encore à empiler comme palettes et produits en réserve, j'en... »

Dans le même rayon.

« Va falloir m'enlever les piles de marchandises du stock et les mettre en rayon (ou les renvoyer au fournisseur). »

Au bout d'un rayon.

« ... en place ?

– Oui, tous les articles présentés dans le nouveau catalogue publicitaire sont en rayon. En plus, on a pu avoir une belle Tête de Gondole [extrémité d'un rayon], quant aux affichages sur les panneaux grand format, ils ont bien bossé à la reprographie. »

En caisse.

« Fichu Terminal de Paiement Électronique pour cartes bancaires, il plante encore. Il faut absolument que je change de poste de travail en caisse. »

Vous vous demandez si vous n'allez pas passer une annonce à l'accueil la prochaine fois :

« Cliente recherche désespérément décodeur pour cause d'incompréhension de langage. »

Un petit dernier pour la route ?
En revanche, là, vous ne devriez pas avoir besoin de traducteur.
En caisse.
« Bonjour, je vous encaisse ? »
Répondez simplement :
« Moi non, mon caddie oui. »

Parcours du combattant

17 juin

Vous avez acquis, il y a quelques semaines seulement, le téléviseur haute définition de vos rêves. Il est grand (plus d'un mètre de diagonale). Il est beau (d'un magnifique noir laqué). Il est lumineux (ben oui... quand vous l'allumez, il fait de la lumière). C'est vrai, vous avez cassé votre tirelire mais, comparée à votre ancienne télé, celle-ci va vous changer la vie. Vous avez enfin l'impression de vous plonger dans l'univers des personnages portés à l'écran.

Oui mais voilà, ce matin, impossible de le faire fonctionner. La déception ! Même pas un mois d'utilisation et ce serait déjà bon à jeter ? Ça fait cher la minute...

Ni une, ni deux, vous ressortez le carton d'emballage (gardé précieusement, c'est précisé pour activer la garantie), vous parvenez, après bien des difficultés, à ranger le tout dans les plastiques et le polystyrène conçus pour votre si belle télé. Vous vous dites, quand même, c'est toujours beaucoup plus facile à déballer qu'à remballer.

Vous prenez votre facture, votre ticket de caisse et la photocopie de la facture (on n'est jamais trop prudent).

Le tout bien calé dans le coffre de votre voiture, vous vous rendez au supermarché où vous avez acheté votre écran plat. Une fois arrivée sur place et plusieurs essais plus tard, votre carton tient enfin dans un caddie (il roule presque droit). Vous vous dirigez vers l'accueil du magasin.

« Bonjour, je peux vous aider ? » demande une employée la bouche en cœur.

Vous désignez ce qui encombre votre chariot.

« Oui. J'ai acheté cette télé il n'y a même pas un mois et elle ne marche plus. »

À cet instant, la sentence, tombe, elle vous envoie comme un frisson, prémisse d'une lutte à vous couper le souffle.

« Il faut aller au service après-vente, madame.

– Ah ? Et il est où, votre SAV ?

– Vous longez toute la galerie de boutiques en face de vous, puis vous prenez la première sortie sur votre droite et vous verrez à l'extérieur une porte vitrée. C'est là[1]. »

Vous suivez scrupuleusement les indications et arrivez dans ce lieu que vous découvrez pour la première fois. Positive, vous vous imaginez une rapide résolution de votre souci technique.

Naïve que vous êtes…

À l'entrée, vous apercevez une borne distributrice de tickets, comme à la poissonnerie. Vous récupérez votre bout de papier et y lisez « numéro 25 ». C'est le numéro 18 qui est affiché au-dessus du comptoir. Ça devrait aller assez vite, pensez-vous.

Naïve et candide en plus…

Vous vous installez sur une des superbes chaises en plastique – la vôtre est bancale – mises à la disposition des clients et, comme vous n'avez rien de mieux à faire, vous observez les autres. Première impression : ils n'ont pas l'air très joyeux. C'est vrai, ce n'est jamais agréable de rapporter un appareil qui ne fonctionne pas. Il y

---

1. D'autres versions sont disponibles en catalogue. Ce service se situe parfois dans la galerie même (beaucoup plus facile à trouver) ou à l'extérieur du magasin en haut d'escaliers (nettement moins pratique).

a comme une tension presque palpable dans le SAV.

Au comptoir, l'échange entre le client et l'employé semble des plus animés. Visiblement agacé, le vendeur dégaine son téléphone et se lance dans une conversation qui s'éternise. Vous tendez l'oreille (oui, vous êtes curieuse…) et apprenez que le modèle de l'appareil du client a un défaut de fabrication. Cependant, le modèle de rechange est en rupture chez le fournisseur (il n'est plus fabriqué). Le client exige un échange immédiat. La solution ne va pas être simple à trouver.

Vous commencez à vous demander si ce sera aussi rapide que ça… Dix minutes s'écoulent au sablier de l'ennui. Le temps s'égrène lentement. La pendule accrochée au mur laisse entendre chaque seconde qui défile.

Tic. Tac. Tic. Tac.

Et plus les minutes s'enlisent, plus vous avez l'impression que le temps s'espace entre chaque tic et chaque tac. Vos gestes suivent le mouvement général. Ils ralentissent. Vos pensées se réduisent. Vous vous mettez en veille. Doucement, vous tombez dans une léthargie. Le « biiip » strident du panneau lumineux vous réveille en sursaut.

« Numéro 19 ! » lance le vendeur.

Une dame entre deux âges se lève. Elle porte une petite boîte. On dirait un grille-pain. Le cas semble simple et, en effet, c'est réglé en quelques minutes.

Les quatre personnes suivantes sortent, elles aussi, de leur torpeur et commencent à s'activer.

Tiens, vous venez de remarquer une pile de magazines posée dans un coin. Vous prenez le premier et commencez à le feuilleter. Ah, un magazine de potins mondains… Ça devrait vous occuper un peu. Vous ouvrez une page au hasard et vous tombez sur un titre choc : « Sarkozy se marie ». Ah bon ? Il s'est encore remarié ? Vous regardez la photo en pleine page et vous comprenez que non, c'est Carla qui est au bras de l'homme d'État. Un peu surprise, vous cherchez la date du journal et vous lisez : février 2008… C'était donc ça. Les salles d'attente sont bien toutes les mêmes.

Trente minutes plus tard. Votre patience s'étiole. Les soupirs des autres sont contagieux. Vous tapotez nerveusement sur votre téléphone portable et jetez un œil toutes les trente secondes à la pendule qui s'obstine à faire du surplace.

Le bip strident du compteur au-dessus du comptoir retentit et affiche le numéro 25. Que le Dieu des clients soit loué, c'est votre tour !

Vous vous dirigez vers l'employé quand un client entre en courant dans le SAV et tente de vous piquer votre place si chèrement gagnée :

« J'en ai pour deux minutes, vous me laissez passer ? »

En temps normal, sans doute auriez-vous dit oui, mais vous attendez depuis si longtemps. Votre patience a été mise à rude épreuve, votre capital sympathie s'est fait la malle.

« Non. Ça fait une heure que j'attends. C'est mon tour. »

Vous joignez le geste à la parole et vous vous dirigez vers le vendeur, ignorant l'insistance du client pressé.

« Bonjour, c'est à quel sujet ? vous demande le vendeur.

– J'ai acheté cette télé le 20 du mois dernier et elle ne marche plus.

– Avant tout, avez-vous la facture ?

– Oui. »

Vous tendez la facture, accompagnée du ticket de caisse et de la photocopie de la facture.

« Quelle est la panne constatée ?

– Ben ma télé ne s'allume plus.

– Vous pouvez être plus précise ?

– C'est-à-dire ?

– Eh bien, qu'est-ce qui ne fonctionne pas ? Pas de son, peu audible, image floue, image noire, image décalée ? Y a-t-il eu de la fumée ou une odeur suspecte ? Votre matériel était-il bien branché sur la prise secteur ? Aviez-vous bien relié l'antenne au téléviseur ?

– Ah. Alors, ce matin, quand j'ai appuyé sur les boutons de la télécommande, ça n'a pas marché. Ni image, ni son, même pas de neige sur l'écran.

– (Air blasé.) Avez-vous vérifié l'état des piles de la télécommande ? Avez-vous essayé d'allumer avec les boutons de la télé directement ? Avez-vous débranché puis rebranché votre appareil ?

– (Un peu surprise quand même.) Pour les piles, elles sont neuves et oui, j'ai essayé d'allumer avec les boutons de la télé.

– Vous avez débranché et rebranché ?

– Oui, oui. (Un petit mensonge, certes, mais vous n'avez pas du tout envie de réitérer l'attente du SAV et, de toute façon, vous vous dites que ça ne servirait à rien.)

– OK. On va prendre votre télé. On l'envoie en réparation chez le constructeur. Je vais faire une photocopie de votre facture, je reviens. »

Accompagnant le geste à la parole, l'employé prend la facture sur le comptoir, vous laissant le ticket de caisse et votre propre photocopie. Il file derrière une porte. Vous patientez...

Les minutes s'écoulent. Le vendeur ne revient pas. Des soupirs vous parviennent dans votre dos. Hé ! Comme si vous étiez responsable de l'installation de la photocopieuse à un kilomètre du SAV !

Au bout d'un moment qui vous paraît interminable, finalement l'employé revient.

« Désolé, ma photocopieuse est en panne, j'ai dû aller à l'accueil du magasin. »

Et vous pensez tout bas : le comble pour un SAV d'avoir du matériel en panne.

Il récupère le carton contenant votre précieuse télé, vous rend votre facture et vous récupérez les autres papiers. L'employé vous annonce :

« Votre télé sera de retour sous six semaines environ. Nous vous appellerons dès qu'on l'aura réceptionnée.

– Euh, et en attendant, je fais comment sans télé ?

– Nous avons du matériel de prêt. Je peux vous prêter un écran, mais je dois d'abord voir s'il nous en reste. Patientez un instant. »

Il s'en va de nouveau dans l'arrière-boutique (vous craignez le pire) et revient quelques instants plus tard (ouf !) avec un carton.

Vous faites l'échange d'appareil et sortez enfin du SAV, vous souhaitez mentalement bon courage aux dix personnes qui attendent leur tour. Arrivée à votre véhicule, vous prenez votre « nouvelle » télé de prêt et voyez au passage que celle-ci mesure 36 centimètres de diagonale.

Et dire que ce soir vous vouliez regarder la cérémonie d'ouverture des Jeux olympiques en famille, cela promettait d'être grandiose sur grand écran, mais en petit format…

J'imprime pas

3 juillet

Le silence autour de vous, enfin presque… Votre caddie a décidé de couiner et de grincer jusqu'à ce que vous le rapportiez auprès de ses congénères.

Vous avez beau tourner dans les rayons, vous ne voyez pas âme qui vive, personne qui traîne entre le coin saucisson et le coin surgelés, pas un chat entre le rayon lingerie et celui des bottes de pluie. Tout juste apercevez-vous l'ombre d'un client cinq ou six rayons plus loin, l'air aussi esseulé que vous.

Vous êtes seule. Seule parmi cette multiplicité de produits, cette infinité de marques et de références. Seule avec votre caddie qui couine. Seule avec votre sac à main qui glisse sans arrêt. Seule avec votre panier en osier qui se dandine dans votre chariot.

Sans vraiment réfléchir, vos mains prennent les articles dont vous avez besoin. Toujours le même caddie, toujours les mêmes produits, inlassablement...

Mais aujourd'hui vous avez besoin d'acheter une cartouche d'encre pour votre imprimante. Vos pas vous guident au rayon réservé à l'informatique. Vous constatez qu'il n'existe pas seulement une ou deux références, au contraire, vous voilà devant un rayon aussi fourni que celui dédié aux yaourts aux fruits.

Seulement voilà, les yaourts, vous les connaissez tous et vous savez exactement ce que vous voulez : la marque, la quantité, la consistance du produit, fruits naturels ou goût chimique, mixés ou avec des morceaux, haut, milieu ou bas de gamme. Et si, pour une fois, vous dérogez à vos habitudes, vous connaissez tout aussi bien les variantes au fromage blanc ou au soja...

En revanche, personne ne vous avait prévenue que, pour une simple cartouche d'imprimante (noire en plus !), il en serait de même... et qu'en plus, les emballages seraient presque tous identiques. Comment savoir si votre imprimante prend telle quantité d'encre, si c'est du laser ou du jet d'encre, si les buses (?) sont intégrées ou s'il faut seulement changer le réservoir ? La promo sur le paquet de deux cartouches est intéressante, mais y a-t-il une date de péremption ? Est-ce que votre imprimante prend les cartouches couleurs ou seulement le noir ? Certes, vous avez une idée sur la question : vous avez déjà imprimé en couleurs ! Mais est-ce qu'il faut une grosse cartouche avec toutes les couleurs ou bien une cartouche par teinte ? Vous apercevez même des seringues et des petits bidons d'encre pour recharger votre cartouche directement à la maison. Quelle galère !

Un vendeur. Il vous faut un vendeur, un conseiller ou un employé qui fait la mise en rayon. N'importe qui pourvu qu'on vous explique et qu'on vous guide.

Vous avez beau vous retourner, il n'y a personne dans le rayon, pas plus qu'au rayon jardinage ou au rayon auto…

Vous errez comme une âme en peine, seulement accompagnée par votre caddie couineur. Et, ô miracle, vous apercevez enfin un vendeur qui sort de la réserve. Vous lui sautez dessus et lui expliquez votre cas désespéré. Votre nouvel ami vous suit jusqu'au rayon où sont alignées les cartouches d'encre. Le vendeur vous assaille de questions. Vous commencez à vous inquiéter, vous ne savez répondre à aucune…

Et tout à coup, un éclair de génie vous traverse, vous sortez de votre sac une feuille de papier imprimée et la tendez à l'employé.

« Ça peut vous aider ? J'ai imprimé ce texte avec mon imprimante.

– (Surpris.) Euh… Non, pas vraiment. Enfin, au moins, je vois que c'est une imprimante à jet d'encre. (Il réfléchit quelques secondes.) Écoutez, j'ai une idée. Venez avec moi voir les imprimantes. Peut-être y reconnaîtrez-vous la vôtre ? »

Vous faites le tour du rayon avec l'employé, vous observez tous les modèles attentivement quand, soudain, le miracle se produit : vous reconnaissez votre imprimante ! Enfin presque… la vôtre n'est pas tout à fait de la même couleur, il vous semble que le capot est d'un gris plus foncé.

« On peut dire que vous avez de la chance, madame ! Pour ces imprimantes, le modèle des cartouches est identique entre les références. Je vais vous donner ce qu'il vous faut. »

Temps pour trouver le rayon informatique : 2 minutes 30.

Temps pour trouver le coin des cartouches d'imprimante : 45 secondes.

Temps pour trouver un vendeur : 5 minutes.

Temps pour trouver le bon modèle de cartouche : 10 minutes avec un vendeur, impossible sans...

Ç'aura été laborieux mais, au moins, la tâche est accomplie. Vous lorgnez sur votre liste de courses et vous apercevez : « Papier pour l'imprimante » griffonné par votre mari. Vous vous dirigez dans le bon coin du rayon et... pour les ramettes de papier, ce sera quelle quantité ? Quelle qualité ? Quel grammage ? Du papier glacé, mat ? Du papier photo, peut-être...

De : Julie votre conseillère
< newsletter.mailing@superprix.com >
Objet : du jamais vu chez SuperPrix !

Cher(e) membre privilégié(e),
Possesseur de la carte de fidélité*, c'est le moment d'en profiter, cette invitation est exclusivement réservée à vous et à vous seulement !
À partir de demain** dans votre hypermarché SuperPrix***, ce sont non moins de 1 500 références**** dont le prix sera divisé par 2***** !!!
Pour profiter de cette offre, imprimez ce mail et présentez-le lors de votre passage en caisse.

À tout de suite.
Julie, votre conseillère personnelle

* : carte gratuite délivrée sur simple demande en caisse. Si vous ne l'avez pas encore, n'hésitez plus !
** : promotion valable 48 heures.
*** : voir liste des magasins participants ici (cliquez sur le lien).

**** : liste variable selon les magasins (voir détails à l'accueil de votre super/hypermarché).

***** : 50 % du prix crédité sur votre carte de fidélité, voir conditions particulières en magasin.

- - - - - - - - - - - - - - - - -

Ne répondez pas directement à cet email, votre demande ne sera pas traitée. Pour prendre contact avec nos services, rendez-vous dans la <u>rubrique contact de notre site</u> (cliquez sur le lien). Un conseiller vous répondra sous deux jours (hors week-ends et jours fériés).

- - - - - - - - - - - - - - - - -

Contribuez au respect de l'environnement, merci de n'imprimer cet email qu'en cas de réelle nécessité.

La plage sous les pavés

18 juillet

Ambiance estivale. Vous partez, comme souvent, remplir votre caddie à l'image de bien d'autres *ménagères de moins de cinquante ans* chez votre dealer, pardon, à votre magasin habituel.

La journée promet d'être chaude et ensoleillée. Un temps de vacances d'été en somme. Vous vous demandez avec un petit sourire si vous n'iriez à la mer ce week-end. Après tout, les enfants seraient contents et vous pourriez profiter de cette journée en famille.

Une idée à creuser.

C'est avec un état d'esprit guilleret que vous arrivez sur le parking de la grande surface. Pas foule en ce début de matinée. Vous poussez votre caddie en pensant au barbecue que vous organisez ce soir avec les voisins. Un plaisir simple et partagé auquel vous succombez tous les étés. C'est une institution dans la famille et c'est le moment propice, non ? Vous jetez un œil sur votre liste de courses et griffonnez « Ketchup » dans un coin, indispensable pour les brochettes.

La galerie est lumineuse, chaleureuse, les décorations des magasins invitent à peu près toutes au *farniente* : les chaises longues, les tongs et les parasols agrémentent les devantures. Une atmosphère que vous appréciez. Visiblement, vous n'êtes pas la seule… Les autres clients affichent souvent bronzage ou coups de soleil, preuve de leur volonté de profiter de l'été.

Mais à peine êtes-vous passée entre les portiques antivol à l'entrée du magasin que votre sourire disparaît pour laisser place à une moue déconfite. *Quid* des parasols, ballons de plage, serviettes-éponges et crème solaire ? Où sont partis les livres de poche d'été, les cahiers de vacances et les cartes postales ? Où est passée cette ambiance de vacances et le soleil derrière lequel nous courons toute l'année ?

Sous les néons blafards s'étalent, à perte de vue dans l'allée centrale, classeurs multicolores, cahiers à grands et petits carreaux, feuilles simples et copies doubles, tubes de colle et paires de ciseaux, crayons de couleurs et ardoises blanches.

Plus vous avancez, plus la période estivale s'efface pour laisser place à une autre époque de l'année. Une date encore si lointaine il y a seulement quelques minutes et soudain si proche.

Pas de doute, la rentrée des classes est pour demain ou presque, enfin dans un mois et demi quand même…

Vous avancez, un peu déçue, parmi cette multitude d'articles rappelant à votre bon souvenir que vos vacances sont éphémères. Le boulot et l'école, par contre, ont leur place sur le devant de la scène !

Heureusement, quelques dizaines de mètres plus loin vous retrouvez votre sourire. Passé la pile d'agendas aux photos plus ou moins craquantes de chatons et de Transformers, vous découvrez le rayon plage, un peu caché, certes, mais bien achalandé. Vous y plongez avec délice et retrouvez enfin le soleil de ce mois de juillet. Ouf !

Excès de vitesse

28 juillet

« Y en a marre ! »

Voilà, c'est dit, vous avez osé vous l'avouer et vous l'avez même exprimé.

Oui, vous en avez marre de ces caddies qui vous poussent, vous écrasent les pieds, vous empêchent d'avancer comme bon vous semble lorsque vous allez faire vos courses, marre de ceux qui plantent leur caddie au milieu de l'allée pour papillonner un peu plus loin.

Oui, vous en avez assez de vous retrouver avec un chariot qui roule mal, un autre qui grince ou encore un particulièrement sale…

Mais quelle solution pouvez-vous apporter ? Existe-t-il un autre moyen de remplir son frigo et ses placards ?

Vous avez bien essayé le cabas à roulettes, le panier en osier et autres alternatives. Mais rien à faire, lorsque vous avez pris les quatre packs d'eau, les bouteilles de lait et de jus de fruits, seul votre caddie peut en venir à bout...

Parfois, vous rêvez, lorsque vous vous retrouvez coincée derrière un caddie qui refuse d'avancer ou après vous être fait lamentablement écraser la main contre un rayon par un autre caddie extrêmement pressé, oui, vous rêvez d'une piste de courses réservée aux chariots des magasins.

La ligne de départ serait symbolisée par les portiques antivol à l'entrée du magasin. Vous seriez tous là, derrière la grille, à attendre le coup de feu vous permettant de filer à toute vitesse dans les rayons...

Ça y est, l'agent de sécurité vient de faire passer le feu au vert, vous vous lancez avec toute la force de vos jambes dans la course. Vous étiez en pole position et vous comptez bien garder votre avance. D'ailleurs, en bonne habituée, vous savez exactement où tourner pour gagner un temps précieux pendant le remplissage de votre chariot. Le premier virage en épingle vous oblige à ralentir et à perdre une partie de la distance que vous aviez mise entre vos concurrents et vous. Qu'importe, grâce à votre maîtrise du véhicule, vous parvenez à accélérer dès la sortie du virage. Vous arrivez déjà au rayon conserves et ralentissez le temps de prendre les boîtes de cassoulet, de haricots et de raviolis.

Il ne faut surtout pas vous déconcentrer, car certains de vos concurrents ont privilégié une autre route et ont commencé par le rayon fruits et légumes, profitant ainsi d'une faible affluence autour du stand de la pesée... C'est un choix stratégique qui se défend, attention cependant aux dégâts collatéraux car des tomates au fond du caddie explosées par un pack de bière, ça vous fera perdre des points au classement général.

Afin de reprendre une avance confortable, vous décidez d'emprunter un raccourci certes dangereux mais qui vous fera gagner un temps précieux. L'allée réservée aux alcools forts et aux apéritifs est pleine de chicanes qui vous obligent à serrer vos virages au plus près. Mais vous avez au moins l'avantage d'avoir une piste sans nids-de-poule ni risque de glissade. Vous connaissez bien le rayon et vous en atteignez l'extrémité les doigts dans le nez, non seulement avec un sans-faute mais avec en plus une bouteille de pastis dans votre caddie... Vous avez atterri au rayon des eaux minérales : parfait, le chargement des packs se fera en un temps record car les autres concurrents sont encore loin et pas un seul ne vous empêchera d'approcher le rayon.

Attention cependant au panneau « Sol glissant » en plein milieu de votre chemin. Tiens, quelques difficultés supplémentaires sur le parcours, aujourd'hui. Ça n'a pas d'importance, vous portez des chaussures aux semelles antidérapantes et votre caddie est spécialement équipé de « roues pluie »… Vous ralentissez à peine et gagnez encore du terrain.

Un peu plus loin, un concurrent a abandonné la course, écrasé contre une rambarde rembourrée d'oreillers, le premier accident de la saison. Vous faites signe au chauffeur, celui-ci vous répond avec un pouce levé. OK, tout va bien, vous pouvez continuer.

Vous passez devant le rayon pâtisserie, et c'est à un véritable carambolage que vous assistez. Ici se sont massés tous les gourmands qui, du fait de leur vitesse, ont renversé une partie des rayons, laissant un chantier indescriptible. Le sol est jonché de victuailles écrasées, piétinées, lamentablement étalées… Vous préférez contourner ce lieu de débauche et vous arrivez au rayon frais. Il va falloir zigzaguer car les caddies se tamponnent par ici. À croire que la fraîcheur ambiante attire les concurrents. Vous évitez de justesse un caddie à contresens ! Hé, ici on roule à droite ! Vous déboîtez au dernier moment, évitant de justesse l'impact frontal, ne faisant qu'érafler le côté gauche de la carrosserie de votre bolide contre le bas du pare-choc du rayon... Heureusement, ce n'est que de la peinture écaillée, et les roues ne semblent pas touchées. Vous profitez de votre changement de voie pour attraper au vol le paquet de yaourts aux fruits mixés et tant pis pour les crèmes au chocolat de l'autre côté de la voie, inaccessibles pour le moment. Qu'importe, l'essentiel est sauvé et vous gagnez encore quelques points au classement final.

Il vous reste encore quelques virages serrés, notamment un à 180 degrés très dangereux mais la différence entre un amateur et un vrai professionnel du caddie se mesure à ce genre d'épreuves. Vous ne le craignez plus depuis longtemps et vous avez même appris à y gagner du temps car, tout en effectuant un dérapage contrôlé, vous attrapez un paquet de rouleaux de papier toilette.

La course est terminée. Le caddie est rempli. Il vous suffit de rejoindre la ligne d'arrivée. Gare, ce moment est lui aussi crucial car, si votre pole position du début de course était un véritable atout, franchir en premier la ligne d'arrivée peut parfois poser problème : elle est longue, alors trouver le drapeau à damier et passer près de celui-ci est une autre paire de manche... Il faut dénicher la caisse en service !

Aujourd'hui, vous avez de la chance, la caisse de la victoire se situe en face de vous ! Dans un dernier dérapage, vous plongez littéralement dans le couloir de sortie et, au prix d'un gros effort, les deux pieds appuyés sur le frein du caddie, vous pilez à la hauteur de la caisse.

Succès total.

Une course au ravitaillement sans ravitaillement... Il n'y manquerait plus que le klaxon.

Vous sortez de votre rêverie et découvrez qu'une fois de plus le rayon n'est pas accessible, deux caddies abandonnés en bouchent le passage... Si ça ne tenait qu'à vous, vous fonceriez dans le tas et causeriez un joli carambolage. Oui, ça serait mal, mais qu'est-ce que ça vous ferait du bien.

Jour de marché

1ᵉʳ août

Il faut manger au moins cinq fruits et légumes par jour.

Vous l'avez tellement entendue celle-là que, chaque fois que vous faites vos courses, vous passez systématiquement au rayon des fruits et légumes. Et aujourd'hui encore, vous avez besoin de faire le plein. Au cœur de l'été, le choix est des plus variés, les étalages sont colorés, une douce odeur sucrée flotte dans l'air. Il n'y a pas à dire, c'est bien plus tentant qu'en hiver et, au moins, les fruits mûrs sont vraiment mûrs, ils ne sortent pas de serres surchauffées ou ne proviennent pas de l'autre côté de la planète. Enfin, c'est ce que vous imaginez... même si certaines provenances restent plus exotiques que les fruits eux-mêmes.

Vous avez choisi votre menu du jour : ratatouille et salade de fruits.

Vous prenez quelques sachets en plastique – pas très écolo ? non, sans doute… – et vous commencez votre tour côté légumes : courgettes, tomates, poivrons multicolores, aubergines, oignons… Voilà déjà de quoi préparer un bon plat. Une fois vos sacs remplis, il ne vous reste plus qu'à aller faire peser vos articles… à la balance automatique… qui n'est pas du modèle le plus récent. Vous devez effectuer la pesée vous-même et, pour vous y retrouver sur ce grand plateau plein de boutons, il y a des dessins – à moitié effacés – avec des chiffres qui correspondent aux différents types de produits.

Plutôt simple quand vous n'avez que deux ou trois articles – à condition d'avoir regardé le numéro du produit sur les étals. Ça devient nettement plus compliqué les mains pleines de sachets différents et si vous n'avez pas retenu les codes – de toute façon, vous avez oublié de les regarder quand vous preniez vos légumes. Vous voilà donc en train de chercher parmi les cinquante références proposées et vous pestez intérieurement d'avoir forcément choisi les articles les plus difficiles à trouver… Si vous aviez pris des carottes et des bananes, les logos auraient été reconnaissables au premier coup d'œil. Après avoir fait le tour des touches trois fois, vous avez enfin réussi à tout peser et à coller les étiquettes sur vos sacs.

Il vous faut encore aller chercher les fruits mais, cette fois, vous allez être plus attentive aux codes de référence des articles, afin d'éviter de jouer aux devinettes deux fois de suite.

Ah, en plein été, les fruits sont vraiment appétissants : les pêches, les groseilles, les cerises, les fraises ou les abricots vous tendent les bras et vous supplient de les ajouter à votre panier. Leurs couleurs lumineuses, les effluves qui se dégagent des rayons finissent de vous convaincre. Aujourd'hui, vous allez acheter quelques abricots, ça changera des éternelles pommes et bananes.

Ah, les abricots, ces petits fruits à la peau douce et veloutée, cette couleur orangée inimitable et leur goût sucré. Tout donne envie, tout fait plaisir dans ce fruit ! Vous plongez vos mains dans cette pyramide sucrée et commencez à choisir ceux que vous allez glisser dans votre sachet. Satisfaite de ceux que vous avez déjà retenus, vous voulez en ajouter un dernier pour atteindre la douzaine. L'ultime choix avant de fermer votre sachet plastique. Vous apercevez alors, au bord de la pile d'abricots, un fruit un peu plus gros que ses voisins et bien plus appétissant. Vous le prenez dans votre main. Vos doigts s'enfoncent dans la chair. Pas de chance, vraiment. Il avait une belle face mûre mais l'autre l'était un peu plus que prévu et vous avez maintenant de l'abricot jusque sous vos ongles. Écœurée, vous reposez le fruit pourri sur le tas et vous vous essuyez le bout des doigts sur le bord de l'étal, ni vu ni connu – beurk, il en reste sous vos ongles.

Un petit drame du quotidien, un incident sans conséquence. Vous détestez ce contact avec la chair trop mûre, c'est tout. Bravement, vous reprenez votre quête de fruits pour votre dessert du jour. Vous prendriez bien une barquette de fraises – au moins, elle est préemballée et pesée d'avance – et des poires. Pour ces dernières, vous avez le choix entre plusieurs variétés de saison et, si vous connaissez bien la poire Williams, les autres vous échappent un peu. Vous regardez les fruits, intéressée par une nouvelle variété. Mais vous allez quand même prendre celles que vous achetez d'habitude.

Un peu plus loin, vous voyez un immense étalage de melons. *Le* fruit de l'été par excellence, celui qui se mange en entrée ou en dessert avec du sel ou du sucre, voir un doigt de porto (à consommer avec modération, ou avec qui vous voulez)… Vous en prendriez bien un ou deux. Ah, vu l'étiquette de prix, vous en prendrez même trois – le lot est en promo. Vous en saisissez un et vous vous lancez, comme les autres clients autour du stand, dans une quête olfactive. Quel est le melon le plus parfumé ? Quel est celui qui vous révèlera tous ses arômes ? Quel est celui qui finira dans votre assiette ce soir ?

Vous avez beau humer à plein poumons des melons les uns après les autres, aucun ne se révèle à vous, ils ne renvoient qu'une odeur bien neutre… En réalité, les fruits sortent tout juste des frigos, alors n'espérez pas recevoir une quelconque aide de votre nez.

Vous finissez par en choisir trois plus ou moins au hasard et espérez simplement qu'il y en aura un de mûr pour ce soir.

Vous terminez votre tour dans le rayon, pesez vos derniers articles – vous vous êtes souvenue de presque tous les codes de référence, du coup, ç'a été rapide à la balance.

Vous vous dirigez vers les caisses.

Vous apercevez sur le sol une file de petits cailloux luisants. Le Petit Poucet est passé par là ? En vous retournant, vous remarquez qu'elle part du rayon que vous venez de quitter et qu'elle avance à un rythme régulier jusqu'aux caisses. Vous suivez le chemin tout tracé pour arriver derrière un type qui patiente. Sa main plonge à intervalles réguliers dans un pochon rempli de cerises. Il mâchouille bruyamment et crache par terre les noyaux, dont l'un manque votre pied de quelques centimètres seulement...

Vous changez de file de caisse.

Quatre saisons

24 août

En cette fin de mois d'août, vous avez encore l'impression d'être en plein été... enfin, vous êtes encore en plein été ! Les gens sont légèrement vêtus : short et débardeur, minijupe ou pantacourt, chemisette ou tee-shirt, c'est le genre de défilé que vous voyez partout, chez vous, dans la rue, à la plage, en voiture ou dans les magasins.

Il fait beau, il fait chaud. Tout le monde le montre.

D'ailleurs, ce matin, vous voudriez bien vous trouver une robe légère pour la semaine prochaine. Vous êtes conviés en famille à un mariage d'amis et, la température ambiante dépassant les 30 degrés, vous préférez changer la tenue que vous aviez prévue. Le tailleur, ce sera pour une autre occasion.

Vous imaginez porter une robe légère, dans les tons clairs : un blanc cassé ou un paille. Avec ou sans motifs ? Vous ne savez pas encore, tout dépendra de ce que vous trouverez comme modèles dans les boutiques.

Quoi qu'il en soit, vous avez déjà les chaussures, des sandales à lanières que vous avez achetées au tout début de l'été, celles qui galbent si bien vos jambes, celles qui ont même réussi à arracher un sifflement d'admiration à votre époux... C'est l'occasion idéale pour vous offrir une tenue de rêve, et si en plus vous avez l'aval de votre mari, pourquoi vous priver ?

Des idées plein la tête, vous partez à la chasse aux emplettes, faire votre shopping, magasiner, comme le disent si joliment nos cousins québécois. Vous savez quels magasins vous voulez visiter et ceux que vous éviterez. Vous imaginez déjà les essayages. Pour démarrer votre sortie, vous vous rendez dans votre grande surface dont la galerie regorge de magasins de vêtements à la mode.

Arrivée à destination, vous passez les portes coulissantes de la grande surface en ôtant vos lunettes de soleil, il cogne particulièrement fort aujourd'hui. Une légère brise vous caresse la nuque lorsque les portes se referment. La climatisation doit tourner à plein régime... Il fait bon ici et cela vous donne envie de flâner dans la galerie.

Vous commencez à regarder les devantures des magasins et vous vous arrêtez devant une boutique de chaussures. Même si vous ne voulez pas en acheter (et vous savez vous raisonner), vous aimez bien découvrir les nouveaux modèles. Tiens, la vitrine est « en cours de réalisation », indique une pancarte. Il n'y a plus aucune paire de chaussures exposée. Le magasin a certainement reçu de nouveaux modèles et les employés sont en train de préparer une nouvelle présentation.

Bah, tant pis, ce n'est pas votre but aujourd'hui. Vous repasserez une autre fois. De toute façon, vous devrez remplir votre caddie demain... Vous continuez votre marche dans la galerie et arrivez au premier magasin *fashion* que vous souhaitez visiter. Vous l'aimez bien, les prix sont abordables et il y a souvent des promotions. En plus, la mode est suivie de près et les couleurs de la saison sont presque toujours présentées en avant-première. Pleine d'entrain, vous entrez dans la boutique. Une

111

vendeuse vous salue, elle commence à vous connaître, il faut bien avouer que vous venez souvent par ici...

« Vous tombez bien, nous avons reçu la nouvelle collection », vous dit-elle, vous désignant tout le magasin par un geste circulaire du bras.

Le choc ! Au premier coup d'œil, vous êtes abasourdie par ce que vous voyez. Où sont passées les couleurs chaudes, les couleurs vives ? Où sont les tenues qui vous rappellent à quel point l'été nous réchauffe ? Seules quelques taches blanches sur des cintres évoquent cette période estivale, mais pour le reste...

Vous vous approchez des portants et regardez de plus près les vêtements. Tous sont marron ou noirs. De temps à autre se glisse une tache de couleur... vert foncé.

Les vêtements d'été ont disparu. Tous. Ils ont laissé la place à la « nouvelle collection ». Adieu robes d'été, chemises en flanelle et débardeurs. Bonjour parkas, pulls à col roulé et pantalons épais.

Vous vouliez une tenue estivale fin août ? Mais enfin, ce n'est pas parce qu'il fait encore chaud dehors que les magasins vous habilleront légèrement ! La mode a toujours une saison d'avance.

Vous tentez votre chance dans un autre magasin et découvrez, là aussi, les tenues d'hiver. Dépitée, vous êtes prête à laisser tomber lorsque vous apercevez un petit rayon avec quelques habits de saison. Par chance, il y a même une robe comme celle que vous imaginiez et en plus elle est soldée ! Il faut espérer qu'il reste votre taille...

Vous avez suivi ? Donc, à Noël, faites-vous offrir un maillot de bain.

Fibre écolo

15 septembre

Vous êtes une consommatrice avertie ? N'oubliez pas de faire votre *check-list* avant de décoller, pardon, avant de démarrer le moteur de votre voiture.

Liste de courses : vous tâtez votre poche et sentez le bout de papier. OK.

Carte de crédit : vous jetez un œil dans votre portefeuille, elle est à sa place. OK.

Carte de fidélité : vous l'avez récupérée ce matin sur la table de la cuisine. OK.

Bons de réduction : ah non, en ce moment, rien d'intéressant.

Les sacs : zut ! ils sont restés dans le débarras.

Vous coupez le contact, soupirez pour le principe et filez récupérer votre panier en osier rempli de grands sacs en plastique couverts de logos « Recyclable » et de slogans divers sur la protection de la nature.

Après tout, si ce petit geste écolo peut apporter un vrai plus à la nature, pourquoi pas ?

Vous regagnez votre véhicule et partez au supermarché. Vous vous garez dans votre secteur favori de cet immense parking souvent plein (au moins, ça vous évite de trop chercher votre voiture). Vous filez remplir votre caddie.

Aujourd'hui, ça devrait aller assez vite et vous vous dirigez directement vers le coin alimentaire. Vous commencez par aller tout au fond récupérer quelques packs d'eau. Vous cherchez ceux qui ne sont pas ouverts, parce qu'il n'y a rien de plus pénible que d'avoir un pack de cinq bouteilles au lieu de six et de devoir tout sortir en caisse.

Vous continuez au rayon conserves, où vous dénichez des boîtes emballées par trois, signe d'une promotion évidente. À y regarder de plus près, ce sont des haricots et il y en a justement sur votre liste. Vous prenez un lot et vous faites le tour du rayon. Vous passez devant les conserves de poisson et prenez un paquet de cinq boîtes de thon.

Arrive le tour des chips. Les sachets individuels sont empaquetés par six, vous prenez deux lots.

Tiens, le rayon friandises. En pensant à vos enfants, vous ajoutez un paquet de Carambar et un autre de bonbons emballés dans des petits sachets.

Vous passez ensuite au rayon charcuterie et vous choisissez du jambon sous vide, quatre paquets de deux tranches, c'est plus pratique.

Au rayon fruits et légumes, vous placez une salade ainsi que quelques bananes dans des sachets en plastique.

En passant devant le rayon surgelés, vous récupérez quelques pizzas – enveloppées dans du plastique par lots de trois mais dans leur emballage individuel.

Voilà votre caddie plein – tiens, vous pensiez avoir moins d'achats à faire… En attendant votre tour à la caisse, vous prenez un lot de cinq paquets de chewing-gums. Vous n'en avez plus à la maison.

Vous rentrez chez vous avec tous vos trésors. Vient le moment tant attendu (ou non) du rangement de vos achats. Pour les ordonner au mieux, vous déballez consciencieusement les boîtes de conserve et ôtez le plastique qui les entoure.

Vous faites de même avec les bouteilles d'eau. Puis c'est au tour des chips. Le jambon, lui, reste dans son emballage individuel, mais pour les bananes et la salade, votre premier réflexe est de déchirer les sacs afin de les laisser respirer.

Votre congélateur est presque plein. Heureusement, en retirant les boîtes en carton – de toute façon, les pizzas sont dans des films en plastique –, vous parvenez à caser vos dernières trouvailles.

Pour les chewing-gums, il n'y a qu'un petit emballage en plastique à enlever et le tour est joué – en plus, les boîtes en carton sont plastifiées et garantissent leur fraîcheur (vraiment ?).

Le rangement est terminé.

Vous regardez les petits tas déposés un peu partout dans la maison : à côté du frigo, de la corbeille à fruits et du placard se retrouvent mélangés plastique épais et fin comme du papier de cigarette, cartons forts. Il ne vous reste plus qu'à ramasser cette joyeuse pagaille et à tout jeter.

La poubelle est pleine, il faut aller la vider dans la benne à ordures et déposer les cartons dans le container des déchets recyclables.

Tandis que vous jetez tout ça, vous pensez à votre panier en osier acheté afin de réduire la consommation de sacs en plastique...

Envie de faire un commentaire aigri ? Qui vous entendra ?

MAGAZINE PROMOTIONNEL
DE SUPERPRIX
(prospectus distribué dans les boîtes
aux lettres des clients)

Couverture du magazine : photo d'un caddie plein à craquer.

Légende :
« Vous ne prenez pas vos articles au hasard, nous ne les vendons pas par hasard. »

Écho, écho, écho...

30 septembre

Il y a des jours comme ça...

Oui, il y a des jours où vous vous dites que vous auriez mieux fait de rester couchée. Il y a des jours où tout semble fonctionner de travers. D'ailleurs, pas plus tard que cet après-midi, vous avez fait les frais de cette expérience désagréable.

Alors que vous arrivez, poussant votre caddie, dans le magasin, vous vous tournez vers l'hôtesse d'accueil pour un renseignement. Elle ne répond pas à votre demande (elle n'a pas l'air de vous entendre) et reste scotchée à son téléphone (là, elle a l'air de bien entendre). Elle paraît si concentrée sur sa conversation qu'elle ne voit pas le monde à l'accueil. À croire que c'est une conversation vitale (en tout cas, elle rit fort...). Vous préférez lâcher l'affaire et faire vos recherches vous-même dans les rayons. De toute façon, vu le monde qui attend à l'accueil, ça ira plus vite.

Vous atteignez le rayon ménager et découvrez que votre marque de lessive manque. Il n'y a même pas un vide à la place des barils de poudre – vous auriez préféré... au moins, ça aurait voulu dire que la lessive existait bien quelque part –, elle a tout bonnement disparu, sans laisser de trace. Vous avisez quelques mètres plus loin un employé en train de ranger des bouteilles de savon liquide. Vous lui faites part de votre désarroi. Il vous répond sèchement : « Je sais pas, c'est pas mon rayon. »

Et il file continuer son rangement un peu plus loin.

Bien malgré vous, vous vous rabattez sur une autre marque et continuez vos courses.

À la boucherie du magasin, le boucher est affairé derrière son comptoir. Vous voulez lui demander quelques conseils pour faire cuire un rôti de veau, mais avant que vous ayez ouvert la bouche, il file dans son arrière-boutique et ne réapparaît pas. À croire que tout le monde vous fuit, aujourd'hui.

Un peu plus loin, vous rangez soigneusement quelques fruits dans un sac en plastique – les pêches sont bien mûres. Vous évitez de faire un nœud vu l'état de fragilité des fruits et vous vous rendez à la balance. Une jeune femme s'occupe de peser les articles et colle les étiquettes sur les pochons. À peine avez-vous posé votre sac à côté de la balance qu'elle vous lance : « Faut fermer vos sacs. » Machinalement, elle secoue ce dernier et le ferme avec vigueur. Elle pèse le tout et vous le rend *manu militari*. Tout juste le temps de dire un mot et vous voyez l'employée filer dans le rayon, un gros paquet de sacs sous le bras.

Non, vraiment, ce n'est pas votre journée.

Vous préférez éviter la poissonnerie, craignant de vous retrouver avec des crevettes en guise de boucles d'oreilles, et vous vous dirigez vers une caisse. Vous installez tous vos articles sur le tapis roulant et avancez vers la caissière. Elle est absorbée par une conversation avec sa collègue voisine. Ni l'une ni l'autre ne vous ont vue et, en peu de temps, vous apprenez que ces deux jeunes femmes ont des vies mouvementées, qu'elles sont étudiantes, qu'elles en ont marre des cours et des profs mais que, heureusement, il y a les soirées étudiantes où elles rencontrent beaucoup de petits amis potentiels dont elles s'échangent les numéros.

Vous pensez en avoir assez entendu et, histoire de vous faire remarquer, vous osez un « Bonjour ». La caissière se retourne, vous jette un vague coup d'œil – vous imaginez même qu'elle soupire très fort intérieurement – et commence à scanner vos articles. Elle profite de ce moment pour continuer sa conversation avec sa collègue, elle en oublie d'enregistrer un bon de réduction – vous le lui faites remarquer et vous vous prenez au passage un regard assassin. En deux minutes, c'est plié, la caissière vous a balancé tous vos articles de l'autre côté de la caisse – vous continuez de vous demander dans quel état vont finir vos pêches... – et a encaissé vos achats.

Sa conversation repart de plus belle avec sa collègue et elles entament une comparaison poussée entre deux magasins de mode.

Vous avez comme l'impression d'être passée inaperçue tout le temps qu'aura duré votre expédition dans le magasin.

En arrivant près des portes coulissantes de sortie de la grande surface, vous vous faites interpeller par un homme en costume cravate :

« Bonjour madame, puis-je vous parler quelques instants ?

– Bonjour, euh, pourquoi ?

– Ah, madame, c'est votre jour de chance. Je ne suis là qu'aujourd'hui pour vous faire profiter de remises exceptionnelles sur l'acquisition de fenêtres double-vitrage.

– Oui, mais non… Ça ne m'intéresse pas.

– Ah, mais vous avez tort ! Saviez-vous que les foyers équipés de fenêtres sans double-vitrage perdent une grande partie de la chaleur ? »

Vous tentez d'avancer et d'atteindre les portes mais le commercial continue sa pub et, d'autorité, vous met sa brochure entre les mains.

Il y a des jours comme ça où vous préféreriez rester couchée…

Embouteillage rayon liquides

14 octobre

Alors que vous déambulez dans les rayons sans rien demander à personne.

Alors que vous remplissez votre caddie sans gêner qui que ce soit.

Alors que vous choisissez avec soin les marques que vous déposez au fond de votre chariot à roulettes.

Il faut toujours... oui...

Il faut toujours qu'à un moment ou à un autre vous vous retrouviez coincée dans un rayon derrière deux caddies qui avancent de front à une vitesse frôlant le mètre à la minute. Et il n'y a rien à faire. Vous avez beau faire du bruit, vous racler la gorge, tousser ou soupirer, histoire de vous manifester auprès des deux clients qui avancent au pas sans se rendre compte de rien, vous vous époumonez dans le vide.

Comme vous êtes polie et aimable, vous prenez votre mal en patience et vous les suivez sans manifester plus d'animosité que ça – vous êtes de bonne humeur aujourd'hui, ça aide – jusqu'aux derniers mètres vous séparant de la fin du rayon. Après tout, il n'était pas si long et cette vitesse ultra réduite vous a même permis de compléter vos achats. Vous étiez au rayon petit-déjeuner et, si vous aviez bien pensé à prendre le café et la confiture, vous aviez complètement oublié d'ajouter le paquet de céréales.

Bout du rayon.

Les deux caddies qui vous précèdent vont de concert vers la droite, les clientes qui les poussent continuent leur conversation animée et ne se rendent toujours compte de rien. Vous décidez donc, bien évidemment, d'emprunter un autre chemin et vous continuez tout droit, histoire de sauter le prochain rayon, source probable de ralentissement, voire de bouchon si un caddie se prenait l'envie de venir à contresens...

Oui mais voilà, vous laissez derrière vous le rayon des biscuits que vos enfants vous réclament... Cruel dilemme. Vous choisissez d'abandonner votre chariot au bout du rayon et vous avancez rapidement vers les paquets de gâteaux.

Excellente tactique ! Les deux caddies tortue ont à peine entamé la remontée des linéaires. Comme vous êtes libre de votre encombrant chariot, vous parvenez à vous faufiler entre les deux masses métalliques et, une queue de poisson plus loin, à récupérer votre précieux paquet – pour la peine, vous en prenez deux, ça tombe bien, ils sont en promo –, à repasser entre les deux caddies et à vous rediriger vers votre propre chariot.

Chariot qui a… disparu.

Où est-il ?

Vous êtes pourtant sûre de l'avoir laissé à cet endroit précis.

Un peu paniquée, vous regardez autour de vous et découvrez une dame en train de déplacer votre caddie en maugréant : « Faut toujours que les gens abandonnent leur caddie en plein milieu des rayons. Et je fais comment, moi, pour passer ? »

Oups…

Enfantillages

28 octobre

Avez-vous gardé votre âme d'enfant ?

Vous amusez-vous encore à compter les dalles qui séparent deux rayons, à savoir si votre caddie est plus rapide que celui de votre voisin ou si vous parviendrez à deviner au centime près le montant de vos courses ?

Est-ce qu'il vous arrive de passer devant le rayon bonbons et de rester en extase devant toutes les formes et les couleurs de ces boîtes à malice ?

Si vous avez répondu oui à l'une de ces question, alors il doit bien vous arriver de temps à autre d'avoir envie de vous transformer en Alice au pays des merveilles. De vous sentir tout petit et d'être surpris par tout ce vous voyez dans ces grands supermarchés.

D'ailleurs, c'est décidé, aujourd'hui vous allez inverser les rôles. Au lieu du costume de parent responsable, vous allez endosser celui d'enfant insouciant. Après tout, y en a marre de toujours devoir faire ses courses bien sagement, de n'acheter que les produits nécessaires et de faire à manger comme il faut, d'éviter de passer dans ces rayons qui vous font tellement envie mais qui ne sont pas bons pour votre ligne.

Oui, c'est décidé, aujourd'hui, vous avez dix ans !

Arrivée dans le magasin, vous vous retenez tout de même de prendre les minicaddies réservés aux petits, non parce que ça vous gênerait, mais plutôt parce que si vous en prenez un, vous allez faire vos courses le dos cassé en deux et, de toute façon, il est bien trop petit… À peine de quoi mettre quelques babioles.

Pour bien démarrer votre tournée, vous commencez par le rayon jouets, que vous parcourez avec délectation. Vous passez vite sur les jouets premier âge – faut quand même pas exagérer ! – et vous louchez sur les poupées Barbie. La princesse est absolument incroyable avec tous ses volants, sa couronne brillante et ses escarpins. Tout de rose vêtue, elle domine largement les autres poupées, même celle qui est habillée à la dernière mode. Les princesses font toujours rêver les petites filles. Vous lorgnez aussi sur le carrosse mené par un cheval pailleté. Vous imaginez bien quelques aventures incroyables que vivrait votre poupée Barbie. Bien sûr, il vous faut un prince charmant pour parfaire l'ensemble. Ça tombe bien, la boîte du prince est posée sur l'étagère au-dessus. Ah, celui-là serait super romantique et vous l'imaginez extrêmement prévenant envers sa princesse...

Vous reposez vos trouvailles, non sans quelques regrets, et avancez dans le rayon. Un autre plaisir vous attend : les Playmobil. Vous admirez les châteaux forts, les bateaux pirates, les chevaliers et le château rempli de princesses à sauver – ouf ! il y en a ici aussi. Et puis il y a la ferme, l'école avec la maîtresse, le vétérinaire et le coiffeur. Il y a une belle voiture de police et même une caissière pour jouer à la marchande...

Vous continuez d'en prendre plein les yeux en arrivant près des peluches. Là, c'est le comble du bonheur parce que, lorsque vous appuyez sur le ventre de l'un ou que vous tirez la queue de l'autre, la peluche chante, dit bonjour ou vous fait un bisou. Certaines racontent même des histoires. Vous vous amusez à lancer plusieurs musiques en même temps, la cacophonie ambiante vous fait rire. Puis vous fuyez, comme une petite fille, vous cacher dans le rayon suivant pour ne pas vous faire prendre par un adulte qui passerait par là...

Allez, assez joué, il est temps d'aller lire quelques bandes dessinées.

Une fois dans le nouveau rayon, vous prenez le dernier *Petit Spirou* qui vient de sortir et vous vous asseyez par terre avec votre album. Chaque fois qu'une personne passe pour choisir un livre, vous êtes obligée de vous pousser un peu plus loin. Le pire, c'est quand un employé passe dans le rayon et vous demande de vous lever... Même pas drôle ! C'est pas comme ça qu'on apprécie le mieux sa BD... Vous finissez tout de même votre album et vous le reposez parmi les autres – parce que oui, vous pouvez être une vraie gamine mais vous pouvez quand même ranger les affaires à leur place, pas comme tous ces adultes qui déposent leurs articles n'importe où !

Il va quand même être temps de remplir le chariot... de tout ce que vous aimez.

Vous passez devant le rayon conserves de légumes sans même vous arrêter. La poissonnerie ? Vous n'y jetez pas un seul regard. Arrive ensuite le rayon des laitages. Après quelques secondes de doute, vous bifurquez et allez directement du côté des crèmes au chocolat et à la vanille. Vous attrapez le plus gros paquet que vous trouvez et vous le déposez avec malice dans le fond du caddie, ravie.

Vous filez vers une autre source de convoitises, un endroit magique rempli de tout ce que vous préférez, de tout ce que vous vous interdisez d'acheter d'habitude. Tout ce qui est si bon au palais et si mauvais pour votre cholestérol. Mais qu'importe. Aujourd'hui, tout est permis, et ces paquets multicolores aux saveurs douces et sucrées seront pour vous et rien que pour vous !

Vous commencez par regarder ce qu'il y a à hauteur de vos yeux : des bonbons rouges, jaunes, bleus, orange... Toutes les couleurs se battent pour prendre la première place. Il y en a de toutes les formes et de toutes les tailles. Vous préférez un crocodile, une chaussure ou un Schtroumpf ? À moins que vous ne soyez davantage attirée par des formes de tarentules, de serpents ou de mouches ? Pas de problème, c'est aussi en stock...

Et pour ce qui est du contenant, là encore vous avez l'embarras du choix : du paquet familial au tout petit sachet individuel, difficile de sélectionner, mais vous comprenez bien que vous ne pourrez pas tout prendre... Ceci dit, vous n'avez pas envie de bonbons qui piquent la langue – ça vous fait faire des grimaces horribles ! – ni de ceux qui collent aux dents – vous avez déjà perdu une fausse dent à cause d'un Carambar particulièrement récalcitrant –, alors vous choisissez plutôt des bonbons mous avec des formes rigolotes. Vous repérez un gros paquet avec un chouette assortiment. Vous en prenez un. Vous en ajoutez un deuxième...

Allez, direction l'autre grand rayon dédié aux plaisirs ! Ici, ce sont des gâteaux secs, sablés, roulés, aux fruits, au chocolat ou au beurre. En grand format ou pour le goûter à l'école...

Vos yeux s'illuminent de gourmandise et vous ne savez plus vraiment ce que vous voulez acheter. Tout vous fait tellement envie ici !

Alors, comme pour les bonbons, vous vous demandez d'abord ce qui vous tente le moins et vous éliminez rapidement les fruits confits – qui collent aux dents –, mais pour le reste... Vous apercevez au bout du rayon un énorme paquet proposant de découvrir différentes douceurs, le tout rangé dans une magnifique boîte en fer-blanc, en forme de maison style « grande époque ». Bel objet (génial pour ranger les petits accessoires de vos Barbie) et l'assortiment de gâteaux vous met l'eau à la bouche.

Le prix ? Quoi, le prix ? Pour une fois, vous ne vous en souciez pas une seule seconde. Hop, dans le caddie !

Une dernière visite avant de rentrer chez vous pour contempler et déguster tous vos trésors.

Manger toutes ces sucreries, ça donne soif. Et pas question de rester à l'eau. Vous allez donc jeter un œil aux sodas et aux jus de fruits. Comme toujours, le rayon regorge de propositions plus tentantes les unes que les autres. Que choisir ? Soda ? Jus de fruits pétillants ? Jus de fruits sans bulle ?

Vous mettez de côté les sodas au cola et vous vous approchez des bouteilles plus colorées, plus aguicheuses. Il faut bien avouer qu'une boisson bleu lagon, vert émeraude ou rouge rubis, ça a du cachet. Vous laissez aussi tout ce qui est orange : c'est trop commun. Vous vous décidez pour une bouteille pleine d'un liquide vert clair, presque transparent, ornée d'une étiquette représentant tout un tas de fruits exotiques. Banco ! En plus, la bouteille a une forme rigolote et un bouchon avec un personnage collé dessus.

Vous prenez deux bouteilles – vous dégotez deux bouchons différents…

Le sourire jusqu'aux oreilles, vous contemplez tous vos trésors empilés dans votre caddie et vous vous rendez compte que vous avez même glissé la Barbie princesse… Vous filez à la caisse.

Quand vous passerez en caisse, petit conseil d'amie, évitez de dire : « C'est maman qui paie », on aura du mal à vous croire… Mais vous pouvez tenter un : « C'est pour un goûter d'anniversaire. » Crédibilité assurée !

Pensées douces

31 octobre

Demain, c'est la fête de la Toussaint.

Comme bien d'autres de vos contemporains, vous souhaitez acheter quelques fleurs pour les déposer sur les tombes de vos proches disparus.

Et comme bien d'autres de vos contemporains, vous allez chercher ces fleurs dans votre supermarché. Ici, on vous propose un large choix de décorations appropriées : arbustes, fleurs séchées, fleurs coupées et les indétrônables chrysanthèmes, ces grosses fleurs en forme de boules qu'on retrouve généralement dans tout cimetière qui se respecte.

Une mode qui n'est pas près de passer...

Pour fleurir la tombe de votre grand-mère, vous arrêtez votre choix sur une belle composition.

Vous continuez votre tour du magasin, remplissant votre caddie de denrées indispensables au monde des vivants.

Le recueillement entamé quelques instants plus tôt lors du choix des fleurs s'est bien vite évanoui dans le brouhaha environnant, la musique entraînante vous fait d'ailleurs siffloter le refrain d'une chanson à la mode pendant un moment.

Arrivée au rayon traiteur, une idée surgit. Et si vous preniez de quoi préparer un bœuf bourguignon, comme celui que feu votre mamie cuisinait dans sa cheminée ? Une pointe de nostalgie vous envahit. Des images de votre enfance surgissent, des odeurs et des voix vous plongent dans une douce torpeur. Oui, c'est décidé, vous allez cuisiner comme votre mémé, en souvenir de cette époque. Vous regardez avec un peu de tristesse les fleurs posées au fond du caddie, car cette époque est révolue depuis bien longtemps maintenant.

Après être passée chez le boucher, vous filez récupérer un sac de carottes et un filet de pommes de terre, quelques oignons rejoignent votre bouquet de légumes et vous terminez vos courses en gardant ces souvenirs présents.

Même dans une grande surface, entre le rayon bazar et le rayon couches-culottes, une date, un lieu ou une odeur peuvent vous faire revivre quelques moments heureux dans les moments tristes...

Traditions d'hyper

2 novembre

En ce lendemain de Toussaint, encore nostalgique, vous retournez dans votre supermarché et découvrez que l'étalage de fleurs a déjà disparu. Ils ne perdent pas de temps !

Une femme de ménage donne un dernier coup de balai pour faire place nette. Vous observez avec quelque curiosité ce qui va être implanté dans l'allée centrale. Des employés de rayon s'affairent et apportent avec une certaine célérité de nombreux cartons et palettes. Ils déballent le tout et vous découvrez qu'après la fête des Morts, il est déjà grand temps de célébrer les vivants. Noël est dans moins de deux mois. Arrivent avec force et fracas les jouets et les décorations pour cette grande fête.

Un brin surprise quand même par cette succession si rapide de deux célébrations si différentes, vous gagnez les rayons alimentaires pour remplir votre panier. Un peu plus tard, vous repassez près de l'allée centrale. C'est une véritable orgie à la gloire de Noël qui s'étale. Les guirlandes sont de sortie et décorent déjà tout le rayon, les illuminations affluent, toujours plus nombreuses. Vous tendez l'oreille, les « oh, oh, oh » des Père Noël en plastique couvrent presque les chants traditionnels diffusés par les haut-parleurs.

Les couleurs flashy semblent s'être donné rendez-vous ici et ce débordement incite tout un chacun à s'approcher pour découvrir d'un peu plus près ces tentations.

Avez-vous remarqué qu'il reste, tout au fond de l'allée, quelques chrysanthèmes, relégués au dernier plan et avec 50 % de réduction ?

La fête des Morts est au rabais et, dans quelques semaines, ce sera au tour du petit Jésus d'être bradé à moitié prix...

Maître du jeu

13 novembre

C'est une grande première. Dans votre super-marché, une nouvelle génération de caisse a fait son apparition et vous découvrez pour la première fois la possibilité de jouer à la caissière et de passer vous-même vos articles devant le lecteur de code-barres.

Vous étiez déjà capable de faire vos courses sans rencontrer un seul employé, sans avoir seulement besoin de parler à qui que ce soit. Vous allez pouvoir pousser le concept du libre-service encore plus loin. Prendre des conserves toute seule comme une grande, logique. Récupérer du fromage à la coupe mais préemballé, une habitude de plus. La possibilité de se servir des steaks fraîchement hachés, un rôti de veau sous plastique, c'est tellement facile... Pareil pour le poisson et les crustacés. Si vous voulez du pain frais, même le rayon boulangerie-pâtisserie du magasin propose tout en libre-service.

Alors il était sans doute temps de proposer une caisse elle aussi en libre-service. N'est-ce pas, d'ailleurs, la suite logique de toutes ces grandes surfaces où le client fait tout, tout seul ?

Aujourd'hui, vous n'avez que quelques articles et vous remplissez à peine votre panier. Ça tombe bien, car vous apprenez, en arrivant aux caisses, que les fameuses caisses automatiques n'acceptent pas les caddies, seulement les paniers. Votre caddie ne contient que deux articles ? C'est pareil. Le règlement, c'est le règlement. Vous décidez donc d'essayer le système et de tester cette nouvelle technologie. En arrivant devant la machine, vous découvrez un écran lumineux et une voix à peine robotisée qui vous souhaite la bienvenue. Des instructions – apparemment faciles – s'inscrivent au fur et à mesure. Il n'y a qu'à suivre la procédure : poser les articles à droite, scanner et déposer à gauche. Simplissime. Vous vous exécutez.

Première difficulté : scanner... il est où, ce code-barres ? Vous manipulez votre article dans tous les sens jusqu'à découvrir le dessin des lignes parallèles noires et blanches. Vous le présentez au scanner rouge vif. Rien… Vous avancez le produit plus près de la vitre, le collez carrément au carreau, l'éloignez, le rapprochez encore… Toujours rien. Vous secouez un peu votre article et vous entendez un « bip » strident.

Ça y est ! Vous avez scanné votre produit. Vous le déposez à gauche puis prenez un autre article à droite. Vous cherchez encore le code-barres, recommencez la manipulation et triturez votre camembert jusqu'à ce que le bip vous annonce le passage de l'article. Vous effectuez la même opération avec les articles suivants quand arrive une barquette de viande. Le code-barres est à demi effacé et vous vous demandez si ça va marcher. Vous le passez devant le lecteur, vous le positionnez dans tous les sens – heureusement la barquette est hermétiquement fermée ce qui empêche le jus de vous éclabousser –, sans succès. Au bout d'une minute de vaines tentatives, vous lancez un regard désespéré autour de vous. Une caissière surgit de nulle part et vient vous expliquer qu'il faut taper les chiffres quand le scanner n'arrive pas à lire le code-barres. Au passage, vous vous demandez d'où sort cette employée mais à peine avez-vous eu le temps de l'entendre vous donner ces explications qu'elle s'est déjà précipitée vers une autre cliente qui s'énerve à la caisse automatique d'à côté, cette dernière sonnant en continu – la caisse, pas la cliente.

Vous commencez à taper les chiffres du code-barres de votre barquette de viande et vous vous y reprenez à plusieurs fois parce que le code que vous entrez n'a pas l'air d'être le bon. Au bout du quatrième essai, vous vous rendez compte que vous oubliez chaque fois d'entrer le premier chiffre, celui qui est un peu tout seul tout à gauche et que vous n'aviez pas vu. Nouvelle tentative. Ça marche !

Vous continuez de scanner les articles suivants quand vous vous retrouvez face à un nouveau problème : le code-barres de la boîte de thon est déchiré et il en manque une partie... Vous n'avez pas envie d'attendre, vous balancez la boîte par terre parmi un petit tas d'articles abandonnés – au moins, elle ne se sentira pas seule.

Il vous reste à régler. D'après les instructions, il n'y a rien de plus simple, il vous suffit de glisser votre carte bancaire puis de récupérer votre ticket de caisse comme au distributeur automatique.

Facile non ?

Au pays du tout libre-service, même la caisse le devient aussi, enfin presque... La machine s'obstine à rejeter votre carte bancaire sous prétexte qu'elle est muette, vous rappelez la caissière venue vous aider tout à l'heure. Elle débloque la situation grâce à... son uniforme, contre lequel elle frotte énergiquement la puce de votre carte. Vous récupérez votre moyen de paiement et retentez votre chance. Cette fois, vous avez gagné, votre carte est acceptée, votre compte sera bien débité.

La machine vous souhaite une bonne fin de journée. La caissière ? Elle s'est de nouveau volatilisée, sans doute repartie vers une caisse sollicitant son aide.

Vous recommencerez l'expérience de la caisse automatique une prochaine fois et vous vous mettez au défi de trouver les codes-barres plus rapidement, peut-être en les mettant en évidence dans votre panier ?

À tester.

Fond sonore : bruit de pièces de monnaie qui tombent en cascade.

Voix masculine (grave et posée) : « *Vous rêvez de faire des économies mais votre compte en banque ne décolle pas ? Venez découvrir les nouveaux crédits proposés par votre enseigne préférée, SuperPrix. Grâce à nous, vous achetez aujourd'hui et vous ne payez que dans neuf mois. Oui, neuf mois. Vous aurez tout votre temps pour accoucher d'un compte bancaire bien rempli.* »

Voix féminine (débit de parole accéléré) : « *Offre valable sous conditions particulières, voir détails de l'offre en magasin, intérêts variables selon la durée du crédit.* »

Question de logique

15 décembre

Problème mathématique :

À dix jours de Noël, il vous reste encore à trouver le dessert qui accompagnera au mieux votre repas du réveillon.

Selon le budget serré de cette année, quel sera le plat qui atterrira au fond de votre caddie la veille de Noël ?

N'oubliez pas d'étayer votre résultat par une démonstration détaillée.

Postulat :

Comme tous les ans, vous pensez succomber devant la traditionnelle bûche. Mais la question est la suivante : bûche glacée ou pâtissière ? fruits ou chocolat ? Avant de prendre cette décision cruciale, vous vous rendez dans votre supermarché et vous étudiez attentivement l'éventail des produits mis à disposition dans le rayon surgelés mais aussi du côté de la pâtisserie.

Démonstration :
À la vue des grands bacs de bûches glacées, vous discernez immédiatement une nouvelle variable pour vos recherches de *la* bûche de l'année : le format doit-il être familial ou individuel ? Ce qui implique bien évidemment d'autres ramifications possibles pour trouver la solution : si vous prenez des desserts individuels, choisirez-vous un goût unique ou différentes variétés ? Et faut-il mélanger glace et pâtisserie ?
Le problème posé au début de l'équation devient de plus en plus complexe. La démonstration s'avérera plus longue et le développement proposera lui-même d'autres solutions possibles.
Mais quelle va être la bonne ?

Plus vous progressez dans les rayons, moins vous arrivez à vous fixer.
Bien au contraire !
Vaillamment, vous affrontez le froid qui s'échappe des rayons surgelés et vous prenez mentalement quelques notes sur les différents goûts, formats et prix des bûches glacées afin de

redéfinir les contours du problème posé initialement. En quelques minutes, votre première phase d'observation est achevée.

Satisfaite, vous vous rendez au rayon boulangerie-pâtisserie et découvrez encore une fois un étalage presque indécent de produits multiples aux prix, goûts et tailles tout aussi variés que du côté des surgelés. Mais au moins, ici, la température est acceptable...

À dix jours de Noël, les fabricants et les pâtissiers ont rivalisé d'imagination pour proposer autant de parfums différents : trois chocolats, café, fruits de la passion, fruits des bois ou fruits sauvages, vanille, fraise, framboise, mûres, pêches ou encore avec de « vrais morceaux de fruits » – de vrais ? les autres, c'est quoi ? de la reconstitution moléculaire ? – ou avec « copeaux de chocolat » – quelle taille ? croquants ? sont-ils aussi vrais que les fruits précédemment cités ?

Tout attire l'œil, donne envie et promet moult délices.

Le choix est difficile...

Alors que vous avez l'impression de tomber dans un tourbillon de goûts et de choix infinis, alors que vous êtes de plus en plus incertaine de votre choix final, vous tombez nez à nez avec un dessert surprenant.

Plat, croustillant, doré à point et dégageant une douce odeur d'amande, ce nouvel arrivant pousse déjà dans les coins du rayon les bûches.

La galette des rois est en train de prendre du terrain sur Noël.

Qui, des Rois mages ou du petit Jésus, remportera la victoire du linéaire ?

Avec tout ça, vous n'avez toujours pas fait votre choix. Afin de prendre la meilleure décision, vous contournez l'obstacle et faites un tour du côté des fruits et légumes, ce qui vous laissera quelques minutes de plus pour poser votre équation.

Vous vous retrouvez face à des montagnes de fruits confits, à côté desquelles trônent les gâteaux de Noël, pain d'épices, etc.

Vous n'êtes pas près de trouver la solution à votre problème.

Résultat :

La coupe de fruits exotiques – litchis, mangues et ananas – s'avère être la solution au problème. Frais, individuel et familial, goûts divers et mélanges possibles... Certes, il

manquera bien la traditionnelle décoration –
nain bûcheron, hache en plastique et houx vert
fluo. Mais vous n'aurez plus à chercher la
bûche ultime...

À la conquête de l'Ouest

9 janvier

Une fois n'est pas coutume, vous dérogez à votre règle habituelle et vous vous rendez dans une grande surface que vous ne connaissez pas. Vous avez envie de découvrir un autre univers, de rencontrer d'autres personnes, d'autres produits. Bref, c'est *La Conquête de l'Ouest* version hypermarché.

Et puis, il paraît que ce n'est pas bon de vivre tout le temps les mêmes histoires, alors changer de magasin, pourquoi pas ?

Vous arrivez donc en terrain inconnu, ou presque. La dernière fois que vous êtes venue ici, c'était pour étudier les prix de l'électroménager et ça remonte à... deux ou trois ans. Comme vous dites, ce n'est pas votre quartier et, généralement, les courses, c'est au plus pressé.

Vous choisissez une place de parking là où beaucoup de voitures sont déjà stationnées, ça doit vouloir dire que l'entrée du magasin n'est pas loin. Gagné ! L'entrée est juste à côté et l'abri des caddies est également dans le secteur – deux bonnes nouvelles, vous vous dites que vous êtes partie pour une bonne série. Vous entrez tranquillement dans la grande surface.

Vous vous figuriez que vous auriez un peu de mal à trouver les articles dont vous avez besoin ? Ça va être encore pire.

Vous pensiez retrouver vos marques habituelles ? Vraiment ?!

Vous imaginiez que vous ne passeriez guère plus de temps que d'habitude à faire vos courses ? Perdu. La recherche d'un produit peut-être longue, très longue…

Le comble ? Le magasin vient de subir un lifting et même les habitués ont perdu leurs repères… Ça risque d'être coton, non ? Jugez par vous-même.

Quand vous entrez dans un nouveau magasin, votre premier réflexe est de regarder autour de vous et d'observer les autres clients afin de repérer le sens de circulation – car oui, il y a bien un sens de circulation, non indiqué mais tacite, que les clients suivent généralement, dans une allée à sens unique ou un boulevard à double-sens. Il faut savoir les prendre dans le bon sens et ne pas risquer le refus de priorité.

Pourtant, les gens ne se déplacent pas aussi vite que dans votre magasin habituel. À croire que tout le monde s'est donné le mot pour visiter ce supermarché aujourd'hui. Curieux, quand même ! Vous êtes tirée de vos pensées par une voix hurlant dans les haut-parleurs et vantant les mérites du magasin nouvellement rénové. « On va fêter son inauguration toute la semaine, tout est nouveau, tout est neuf, tout a changé… Oui, vous avez bien entendu, *tout.* »

Ah. Vous vous retrouvez donc parmi d'innombrables clients aussi perdus que vous. Quand je vous disais que ça risquait d'être coton ?

Vous prenez votre courage à deux mains et vous vous agrippez fermement à votre caddie. En avançant dans l'allée centrale, vous êtes particulièrement vigilante à ce qui vous entoure. Vous tournez à gauche un peu plus loin. Les rayons sur votre droite n'ont pas l'air de ressembler à des rayons alimentaires et, si vous continuez tout droit, vous foncez vers un mur de téléviseurs. Vous avez donc une chance d'être sur la bonne piste !

Vous dépassez le rayon bébés – couches, brosses à cheveux et jouets qui couinent –, suivi d'un rayon rempli de gros paquets multicolores, doux et moelleux, avec ou sans petites fleurs, parfumés ou nature, grand ou petit format, en rouleaux ou à feuilles, bref, c'est le paradis pour votre séant. Ça tombe bien, vous avez besoin de renouveler votre stock.

Vous cherchez la marque à petites fleurs que vous achetez habituellement. Mais où est-elle ? Vous parcourez le rayon dans toute sa longueur sans trouver l'objet de vos désirs. Vous faites demi-tour et regardez une nouvelle fois ce rempart de papiers toilette. Pourtant, votre marque préférée devrait être là, vous achetez la même depuis des années – la note originale ? choisir entre paquets roses et paquets blancs. Au troisième passage, il faut vous rendre à l'évidence. Cette marque n'est pas en vente ici. Dépitée, vous vous rabattez sur un paquet d'une autre marque qui ressemble à peu près à vos rouleaux préférés. Vous en prenez un petit – six rouleaux, ça sera bien suffisant pour un essai – et vous revenez une nouvelle fois sur vos pas.

Mais qu'apercevez-vous au bout du rayon, bien mis en valeur en tête de gondole et en promotion ? Votre marque chérie et par emballages de trente-six rouleaux… Vous vous délestez de l'autre paquet et saisissez le papier que vous affectionnez, ravie.

Vous quittez le rayon et continuez votre expédition.

Arrivée au milieu du magasin, vous tombez sur les fruits et légumes. Les étalages sont bien présentés et, ravie, vous trouvez tout au premier passage. Vous remplissez quelques sacs et partez en quête de la balance pour faire peser vos articles. Elle n'est pas très visible et vous n'êtes manifestement pas la seule à chercher ce point stratégique. Vous faites le tour du rayon une première fois, puis une seconde fois, avant de voir enfin la pancarte « Pesée » – qui est pourtant de grande taille – derrière les multiples affiches incitant à manger au moins cinq fruits et légumes par jour. En attendant, vous aurez parcouru du chemin, vous aurez même fait du sport. Et faire du sport, ça complète bien l'idée du « manger sain », non ?

Tiens, la balance est en libre-service, mais vous avez l'habitude. Enfin, vous pensiez avoir l'habitude… Ici, même la balance s'est modernisée. Point de touches mais un écran tactile. Premier choix : fruits ou légumes ? Vous commencez par poser vos tomates sur la balance, vous sélectionnez « Légumes » et cherchez la photo de votre produit. En vain. Vous revenez en arrière et choisissez « Fruits » sur l'écran. Vous trouvez la tomate. Ah bon ? La tomate est un fruit ? Deuxième pesée : les bananes. Ce sera plus facile. Pour les pommes, vous avez oublié la variété, vous sélectionnez au pif. Quant à vos citrons, vous avez beau passer en revue toutes les touches, impossible de trouver la bonne. Au bout de la troisième lecture, une cliente qui attend son tour vous tape sur l'épaule : « Les citrons, c'est à la pièce. Ne cherchez pas. » Ah.

Vous repartez avec votre caddie terminer vos courses.

La recherche du rayon des conserves ne se fait pas sans mal : il est tout au bout du magasin, près du rayon liquides. Vu que vous avez besoin de packs d'eau, vous n'avez pas crapahuté jusque-là pour rien... Ce rayon est lui aussi organisé d'une autre façon que celle que vous connaissez. Vous arpentez plusieurs fois les mètres de linéaires avant de trouver les conserves dont vous avez besoin. Le maïs est à une extrémité, les haricots verts à l'autre. Si vous voulez des petits pois, merci de revenir sur vos pas et de chercher du côté des flageolets. Pour trouver les épinards, il fallait regarder quand vous étiez dans le coin des haricots. Le chemin est long quand on doit le refaire autant de fois. Vous commencez à en avoir plein les pattes. Des tomates pelées ? Ce sera pour la prochaine.

Et vos spaghettis ? Impossible de trouver le rayon des pâtes et, renseignement pris auprès d'un employé, le rayon se situe de l'autre côté du magasin. Vous laissez tomber. Il doit vous rester un fond de paquet à la maison.

Autant de temps pour déposer dans votre caddie si peu de marchandises... Partir à l'aventure n'est pas à la portée de la première venue. Espérer l'aide des habitués ? Encore faut-il que le magasin n'ait pas subi une réorganisation générale...

De la Terre à la Lune

1er février

Vous avez pris une grande décision, une de celles qui devraient changer votre vie quotidienne et même, vous l'espérez, l'améliorer un tant soit peu. Non, vous n'allez pas faire la révolution, mais simplement modifier quelques habitudes. Vous en avez assez de ces plats préparés, de toute cette nourriture sophistiquée et de ces aliments exotiques. Vous souhaitez retrouver une alimentation simple. Une alimentation saine.

Comment appliquer cette nouvelle résolution ? En achetant des aliments moins gras, contenant moins de conservateurs, de pesticides ou encore d'arômes qui altèrent le goût d'origine. Non, vous n'êtes pas rendue au point de vouloir acheter tout bio, mais vous allez faire plus attention à l'origine des aliments et à la préparation de ceux-ci. Votre santé ne pourra que vous en remercier.

Vous voici donc dans votre magasin habituel, poussant tranquillement votre caddie dans les rayons.

Pour bien démarrer, fini les yaourts mixés ou avec des morceaux, aux fruits exotiques ou aux fruits des bois, à bas les crèmes au chocolat ou à la tarte meringuée, on arrête aussi les crèmes avec de la chantilly – « aussi bonne que si elle était faite maison » paraît-il, mais vu la liste de conservateurs... – et la mousse au chocolat. Il est temps de se mettre à la simplicité et d'acheter des yaourts nature. Oui, des yaourts nature, ceux qui ne sont pas pervertis par des goûts chimiques soi-disant naturels ou des couleurs apportées par des colorants criards. De simples yaourts nature non sucrés. Dans le rayon des laitages, vous les cherchez. Cela fait tellement longtemps que vous n'achetez que des yaourts aux goûts élaborés et compliqués que vous ne savez même pas où ils sont rangés. Ça ne doit pas être bien sorcier à trouver, chaque fois qu'il y a quelque chose de nouveau dans le rayon, vous avez le chic pour tomber dessus par hasard – enfin, par hasard... Mais là, rien à faire, ils sont invisibles, à croire qu'ils ont été planqués, ces sacrés yaourts. Ils ne sont ni à côté des crèmes au chocolat, ni près des yaourts mixés, encore moins du côté des yaourts au goût de tarte meringuée. Peut-être avec les fromages blancs ? Toujours pas. Il va falloir remuer tout le rayon, partir en spéléologie pour enfin trouver le coin où sont cachés les yaourts nature. Ils sont là, juste derrière les nature sucrés. Ouf !

Hop, un paquet dans le caddie.

Une fois les yaourts récupérés, vous avancez vers le rayon des fruits et légumes... et vous vous lancez un nouveau défi : préférer des produits frais non traités, sans pesticides et de saison. Nous sommes en février... C'est donc le moment d'acheter des bananes, des clémentines – il est temps d'en profiter, la saison se termine – et les indétrônables pommes. Côté légumes, vous vous rabattrez sur un chou-fleur, quelques poireaux et des navets, quelques pommes de terre aussi – parfait pour une bonne soupe.

Maintenant que votre sélection de fruits et de légumes est faite, il ne vous reste plus qu'à les dénicher... coincés entre des citrons (du Brésil), du raisin (d'Afrique du Sud), des courgettes (du Maroc) et des tomates (d'Israël). Tous ces primeurs étalés sont ultracolorés et brillants, mais malheureusement sans goût ; quant à un quelconque parfum, même pas en rêve ! Tout sort des frigos.

Vous parvenez à trouver des produits d'origine française, sauf les clémentines, qui viennent de Turquie – il n'y a rien de plus proche. Vous auriez voulu trouver des produits non traités, mais hormis quelques affichages signalant que les produits sont « non traités après récolte », les indications restent désespérément absentes… Vous notez même que l'origine d'un article du rayon se résume à un énigmatique « Import ». Information de premier ordre, non ?

Sans être obsédée par ce qui est « bio et respectueux de l'environnement », vous ne pouvez vous empêcher de vous demander le nombre de kilomètres que peuvent bien parcourir certains de ces fruits et légumes… Un citron peut parcourir bien plus de kilomètres que vous dans toute votre vie…

Faire simple n'est pas si facile. Vous diriez même : plus c'est simple, plus c'est compliqué. Comme quoi, tout est subjectif !

Ne vous avouant pas vaincue pour autant, vous vous lancez dans une nouvelle quête de taille : les conserves. Non, vous ne voulez plus de conserves de plats préparés – les raviolis en boîte, vous les avez assez subis –, plutôt des conserves de légumes avec, en tête, les haricots verts, mais aussi les petits pois-carottes et les flageolets. Des valeurs sûres que vous accommoderez facilement avec de nombreux plats. Pour continuer sur votre lancée, vous ajoutez un facteur à votre recherche : la provenance des denrées alimentaires. Les règles d'hygiène ne sont pas les mêmes si elles sont produites en France que si elles sont importées d'Amérique du Sud ou d'Asie… En examinant les conserves, surprise, vous constatez que les marques que vous achetez habituellement proviennent surtout du Chili, d'Argentine ou encore d'Asie du Sud-Est. Vous voulez des produits d'origine française ou européenne ? Revoyez votre budget à la hausse.

Vous emportez malgré tout quelques conserves d'origine française – attention à ne pas vous laissez piéger par les « conditionné en France », origine « pays lointain »…

Vous êtes fière de vos premières trouvailles. Arrive alors le défi ultime : les œufs. L'offre est incroyable, difficile à décrypter, les prix allant du simple au quintuple. Comment choisir ? Les boîtes d'œufs fournissent bien quelques informations, mais les chiffres imprimés sur les coquilles vous laissent perplexe et vous avez quelques difficultés à les comprendre. Vous savez vaguement qu'ils indiquent la date de ponte, le calibre, les conditions de vie des poules, la catégorie de l'œuf, mais de là à savoir quel chiffre correspond à quelle indication…

Et si on parlait des labels pour les aliments, vous y retrouveriez-vous ? Entre AB, Culture bio, Bio garantie, Label rouge, CE, Naturland, vous ne parvenez plus vraiment à savoir quels sont les meilleurs critères pour vos courses.

Vous ne vous avouez pas vaincue pour autant. Vous avez décidé de faire des courses saines, vous irez jusqu'au bout, quitte à manger végétarien et cru…

Au rayon boucherie, c'est une autre histoire. Partout, des étiquettes « Origine France » ou « Conditionné en France ». Si la viande vient d'ailleurs, c'est clairement indiqué. Vous découvrez des labels garantissant le sérieux des produits, la viande semble de bonne qualité, tout est fait pour vous mettre en confiance.

Ces dernières années, il y a eu tellement de scandales que les contrôles et la traçabilité ont réellement tranquillisé l'acheteur. Tant mieux. Voilà au moins un rayon fiable, vous dites-vous. Vous choisissez de la volaille.

Pour la préparer, vous ajouteriez bien de la crème fraîche. Aucun problème, vous vous rendez dans le rayon adéquat. Vous cherchez un produit simple à trouver vous semble-t-il, de la crème fraîche épaisse. Que nenni ! Encore un produit qui ne se trouve pas en claquant des doigts. Vous souhaitez de la crème liquide ? Il y en a tout un étage. Vous préférez de la crème allégée avec 5 %, 10 % ou 20 % de matière grasse ? Il y en a sur la moitié du rayon. Vous préférez peut-être de la crème fraîche spéciale conservateur, non, pardon, longue conservation ? Les briques en carton s'étalent par dizaines.

Mais où se cache la crème fraîche épaisse de base ? Cherchez bien, elle doit exister quelque part. En vous penchant vers le bas du rayon, vous la trouvez, enfin vous pensez l'avoir trouvée... Sur l'étiquette, il est bien écrit « Crème fraîche épaisse ». Vous posez un pot dans votre caddie et quittez le rayon satisfaite, sans avoir noté, comme la plupart des clients, d'ailleurs, la précision sur le côté de la boîte « Produit à base de »...

Votre caddie est à moitié plein mais, après avoir tant cherché les produits simples, vous êtes vannée. Vous laissez tomber le jus de fruits

100 % pur jus sans sucre ajouté et sans colorant, impossible à dégoter. La recherche d'une tablette de chocolat 100 % chocolat sans produits épaississants et sans conservateurs vous donne directement envie d'entamer un régime.

Vous avancez vers les caisses et, en attendant votre tour pour payer, vous désobéissez à votre ligne de conduite : vous ajoutez des chewing-gums contenant mannitol, antioxygène BHA et des traces d'acésulfame K... Mais qui le saura ?

Un homme et une femme

13 février

Ô joie !

Après toutes ces années de bons et loyaux services dans votre magasin préféré, après tous ces kilomètres parcourus en long, en large et en travers, ces linéaires vus et revus, ces innombrables articles rencontrés, depuis des années, à hauteur des yeux ou cachés tout au fond du rayon, parfois trop bas, souvent trop haut ; après tous ces échanges produits contre monnaie, ces sacs remplis puis remplacés quand ils étaient usés, ces rencontres fortuites et surprenantes entre deux allées, l'arrivée des crédits, les caddies à pièce, les caisses automatiques, les joies du service après-vente, la découverte de promotions exceptionnelles – tous les jours de l'année –, de concours où vous n'avez jamais gagné – sauf cette bouteille

167

de mauvais champagne un jour quand même… ; après ces milliers d'heures passées à pousser votre caddie, vous avez pris une grande décision. La plus importante dans votre vie de consommatrice.

Vous allez radicalement changer votre manière de faire vos courses.

Terminé les parkings surchargés, la recherche d'un caddie qui roule droit et pas en crabe, la quête du produit qui a changé de rayon, l'attente en caisse. Terminé, tout ça.

Bienvenue dans l'ère du virtuel, du tout informatique et du gain de temps.

Nous sommes au XXIᵉ siècle et vous y êtes entrée à pieds joints. Vous allez dorénavant devenir une cliente au panier virtuel et vous allez choisir vos articles sur un catalogue informatique.

Oui, c'est osé.

Oui, vous vous demandez comment arriveront vos tomates – seront-elles bien mûres mais pas trop ? – et votre camembert – y découvrirez-vous des traces de doigts ? Est-ce qu'il y aura des promotions exceptionnelles et des ventes flash – vous qui cherchiez toujours avec ferveur les « 1 acheté, 1 gratuit »… ? Pourrez-vous toujours cumuler des points et des bons d'achat sur votre carte de fidélité ? Pourrez-vous payer en plusieurs fois sans frais ? Comment les échanges et remboursements se passeront-ils ? À qui vous plaindrez-vous si un produit alimentaire n'est pas bon ?

Qu'importent vos doutes et vos questions, vous sautez le pas et vous découvrez un nouvel univers virtuel où le magasin a été pixelisé, laissant la place à des rayons en trois dimensions, aux étagères toujours pleines et sans risque de bouchon de caddies au milieu d'une allée ou d'un produit renversé. Vous aurez la possibilité de demander de l'aide par mail – on vous répondra si possible sous vingt-quatre heures. Vous pourrez choisir les articles modélisés et les regarder sous toutes leurs coutures – impossible, en revanche, d'en percevoir l'odeur ou la texture. Vous pourrez même, si vous le souhaitez, pousser un chariot virtuel qui passera absolument partout dans le magasin – et vous n'aurez plus besoin de chercher un jeton au fond de votre sac. Vous pourrez cliquer sur les articles désirés et ils rempliront automatiquement le caddie – sans risquer de déborder.
Cerise sur le gâteau, le coût de vos achats s'affichera au fur et à mesure sans que vous ayez besoin de sortir votre calculette. Il y a même une option « Mémoriser votre liste de courses » vous

permettant de remplir votre caddie d'un clic de souris la fois prochaine.

Tout est disponible en permanence, rien ne manque. Quoique...

Vous venez de cliquer sur un produit dont vous avez besoin, un message apparaît : « Produit momentanément en rupture de stock ».

Bon, c'est pas gagné.

Et si vous demandiez plutôt à votre mari d'aller faire les courses au supermarché demain ?

Bon, là non plus, c'est pas gagné.

ANNONCE DU MAGASIN

Voix féminine (douce et posée) :

« Chers lecteurs, votre livre va bientôt fermer ses portes. Merci de vous diriger vers la dernière ligne de la dernière page de l'ouvrage. Nous espérons que cette visite fut agréable. À très bientôt. »

Table

Bip !

Pour l'éditeur, le principe est d'utiliser des papiers composés de fibres naturelles, renouvelables, recyclables et fabriquées à partir de bois issus de forêts qui adoptent un système d'aménagement durable.

En outre, l'éditeur attend de ses fournisseurs de papier qu'ils s'inscrivent dans une démarche de certification environnementale reconnue.

*Ce volume a été composé
par Nord Compo à Villeneuve-d'Ascq
et achevé d'imprimer
sur Roto-Page
par l'Imprimerie Floch à Mayenne
en mai 2009
pour le compte des Éditions Stock
31, rue de Fleurus, 75006 Paris*

Imprimé en France

Dépôt légal : juin 2009
N° d'édition : 01 – N° d'impression : 73986
54-07-6316/1